Jens Oberheide

Vom Theater, von der Loge und der Bühne des Lebens

salierverlag

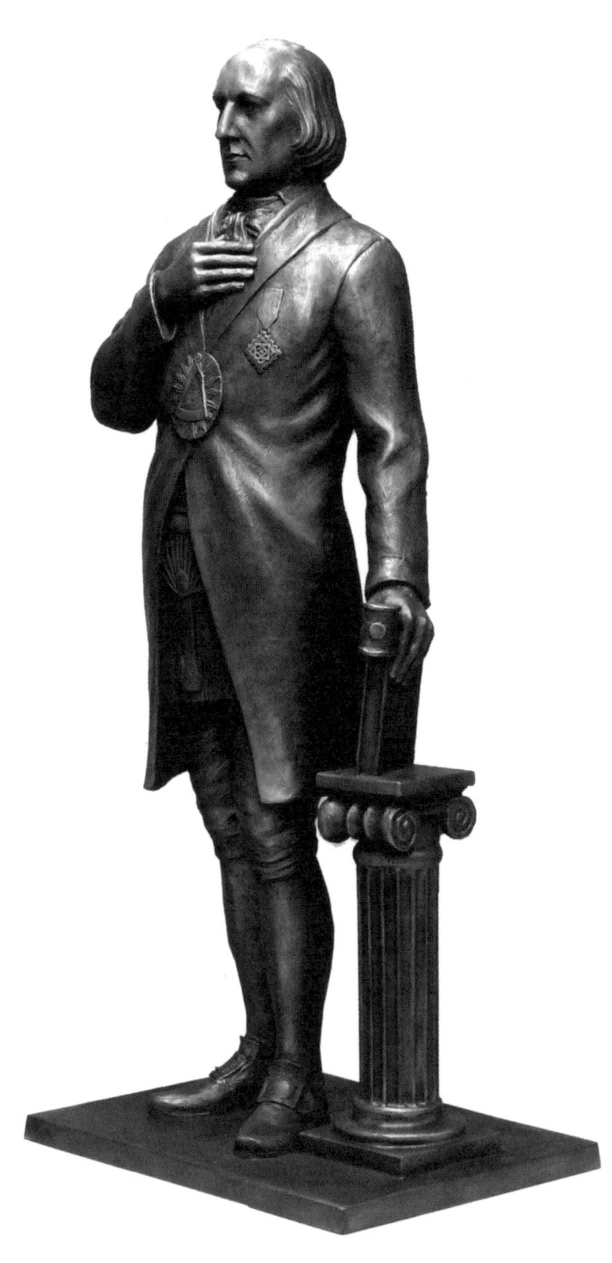

Jens Oberheide

Vom Theater, von der Loge und der Bühne des Lebens

Friedrich Ludwig Schröder in Hannover

Salier Verlag

Diese Schrift erscheint mit freundlicher Unterstützung und aus Anlass des 250. Stiftungsfestes der Loge „Zum Schwarzen Bär“ i. Or. Hannover

ISBN 978-3-96285-072-2

1. Auflage 2024

ein Imprint der SalierGroup GmbH, Eisfeld

Bild Seite 2: Rekonstruktion der von den Nazis zerstörten Schröder-Statue im Logenhaus Hamburg Welckerstraße durch Jens Rusch und Lucas Bravenec. (Foto: Jens Rusch)

Layout: InDesign im Verlag
Umschlaggestaltung: Christine Friedrich-Leye
Herstellung: SalierGroup GmbH, Eichberg 21, 98673 Eisfeld
Printed in the E. U.

www.salierverlag.de

Inhalt

«Gezeugt und gesäugt auf dem Theater»

Schröders Vater (Johann Dietrich Schröder) war Organist und Schauspieler, leider jedoch, wie es zeitgenössisch hieß, *„dem Trunke ergeben“*. Schröders Mutter Sophie Charlotte Schröder (1714–1792, geb. Biereichel) war eigentlich „Gold-Stickerin“, wurde aber ebenfalls, wie man damals sagte, *„Komödiantin“*. Beide hatten sich jedoch „auseinander gelebt“

Sie waren bereits seit sechs Jahren getrennt, als sie sich Anfang 1744 trafen, um die Scheidung zu besprechen. Friedrich Ludwig Schröder war neun Monate später (geb. am 3. November 1744 in Schwerin) das Ergebnis dieses Abschiedstreffens. *„Gezeugt und gesäugt auf dem Theater“*, sagt Goethe, dem Schröder als Vorbild für die Figur des „Serlo“ im „Wilhelm Meister“ dient.

So wuchs Schröder auf einer Wanderbühne auf. Seine Mutter nahm ihn mit, und schon als Dreijähriger hatte er 1747 sein Bühnendebüt. Er spielte in einem Rührstück in St. Petersburg das Sinnbild der Unschuld. Die russische Zarin Elisabeth ließ sich den Knaben in ihre Loge bringen, *„liebkoste ihn“* und beschenkte die Mutter *„hochherzig“*.

Sophie Charlotte Schröder (inzwischen verwitwet) heiratete in Warschau den Schauspieler Konrad Ernst Ackermann (1712–1771) und reiste mit diesem und dessen Ensemble durch Europa. In Warschau lernte der junge Schröder auf einer Jesuitenschule Lesen, Schreiben und Gehorchen. Letztgenanntes fiel ihm schwer.

Als Schröder zwölf Jahre alt war, hat man ihn 1756 nach einer Theaterinitiative und einem weiteren Schulversuch in Königsberg in den Wirren des Siebenjährigen Krieges allein zurückgelassen und war ohne ihn weitergezogen.

Auf sich selbst gestellt, landete er bei einem Flickschuster, dann tingelte er mit dem englischen Seiltänzer Michael Stuart und dessen

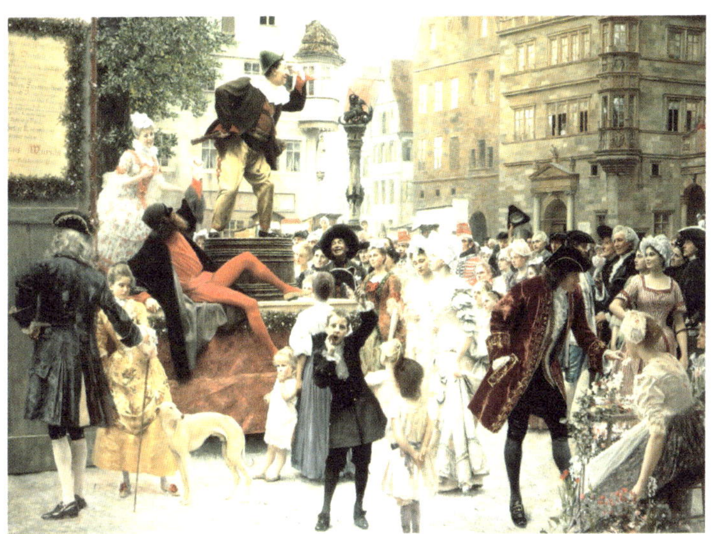

Gustav Klimt: Hanswurst auf der Stegreifbühne, 1893/94

Frau Lisbeth über die Marktplätze und Jahrmärkte. Von ihm lernte er Englisch, Billard, Glücksspiel mit gezinkten Karten, publikumswirksame Faxen und allerlei Possen. Von ihr lernte er Französisch, Tanzen und Singen.

Stuart gab ihm aber auch Shakespeare zu lesen, was den jungen Schröder nachhaltig faszinierte.

Nach zwei wilden Jahren des Herumvagabundierens schlug sich Schröder wieder zu seiner Mutter durch, die mit Ackermann in der Schweiz gastierte. „*Wenn Hunger und Elend Menschen bilden können*“, schreibt Schröder über diese Zeit, „*so muss ich vollkommen geworden sein.*“

„*Friedrich Ludwig Schröder* [war ...] *ein wunderbar im wildesten Theaterwirrwar aufgeschossenes Genie, das mit Jünglingsunverschämtheit schon die entschiedensten Erfolge an sich riss.*“[1]

Es mutet an wie ein Wunder, dass sich Schröder aus einem derartigen Milieu befreien konnte, später eine durchaus ansehnliche

1 Eduard Devrient: „Geschichte der deutschen Schauspielkunst“, Berlin, 1929

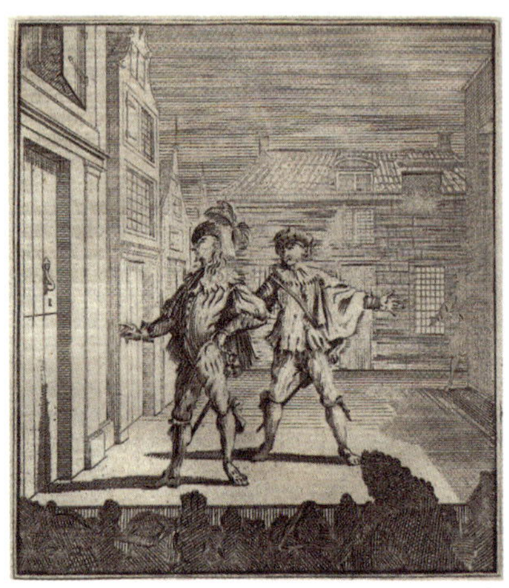

Theaterszene. „De Comediant“. Kupferstich nach Jan Luyken.

Bildung erwarb, mehrere Sprachen erlernte, zu Ruhm und solidem Reichtum gelangte und nahezu freundschaftlich mit Goethe, Herder, Wieland, Schiller, Lessing und anderen Geistesgrößen seiner Zeit verkehrte.

Der junge Schröder, der zunächst als Tänzer, Sänger, Akrobat und Komiker auftrat, gehörte fortan bei Ackermann zum Ensemble. Er kam beim Publikum gut an. „*Ein junger, schlanker Schauspieler mit glattem Komikergesicht, den man gern hatte, weil er zu lachen gab.*“ Der „*früh in allen körperlichen Übungen Geschulte*“ war auch ein „*gewandter Tänzer ... in Balletten, die ... im Repertoire der ... Wandertruppen ... eine sehr wichtige Rolle spielten*“.[2]

Ackermanns Truppe spielte adaptierte französische Komödien, italienische Burlesken, aber auch allerlei Selbsterdachtes, Stegreifpossen, Grotesken, Sing- und Tanzstücke. Das waren meist „*Spektakelopern*“, sagt Schröder, die sich verkaufen lassen mussten wie „*Marktwaren*“.

Aber Schröder zeigte auch dabei schon früh sein „*Aufsehen erregendes Talent*“.[3]

2 Berthold Litzmann: „Der große Schröder“, Berlin, 1903
3 ebd.

Am Ballhof in Hannover

Die Ackermannsche Truppe gastierte im Herbst 1763 erstmals in Hannover, wo damals in Alt- und Neustadt zusammen rund 17 000 Menschen lebten. Da war Schröder 19 Jahre jung. Man blieb (mit kurzen Unterbrechungen) fast ein Jahr in Hannover – nämlich bis August 1764.

Gespielt wurde damals im Ballhof.

Der Ballhof, 1649 bis 1664 durch Herzog Georg Wilhelm in Hannover errichtet, diente zunächst tatsächlich dem Ballspiel und war der größte Raum der Stadt. Neben verschiedenen gesellschaftlichen Veranstaltungen gibt es seit 1667 auch gesicherte Nachrichten über gelegentliche Theateraufführungen durch französische Komödianten, die der Hof engagierte.

1746 wurde der Ballhof zum „Mehrzweckgebäude" umgebaut und stand dann auch bürgerlichen Veranstaltungen zur Verfügung.

Die Ackermannsche Schauspiel-Gesellschaft bespielte den Ballhof 1764 mit großem Erfolg, was sogar Verkehrsprobleme verursachte: *„Wegen des großen Zuspruchs der Theateraufführungen im Ballhof wird eine Verordnung über die Zu- und Abfahrt der Droschken erlassen."*[1]

Schröder spielte mit *„Leichtigkeit, Ungezwungenheit und Laune"*, und er *„belebte ... seine Rollen mit einer komischen Trockenheit des Mienenspiels"*.[2]

Mit dem jungen Schröder stand der damals schon berühmte Konrad Ekhof (1720–1778) auf der Ballhof-Bühne. Die beiden Mimen schrieben in der Folgezeit ein gewichtiges Stück Theatergeschichte. *„Ekhof und Schröder* [sind die] *wahren Gründer und Vollender...*[der] *deutschen Schauspielkunst"*.[3]

1 Mlynek/Röhrbein: Stadtchronik Hannover
2 Brockhaus, „Conversations-Lexikon", 1809
3 Eduard Devrient: „Geschichte der deutschen Schauspielkunst", Berlin 1929

re.: Hannover war zu Schröders Zeit noch sternförmig befestigt, geteilt durch die Leine – rechts die Altstadt, links die Neustadt, in der Mitte (dunkel) die Schlossanlage.

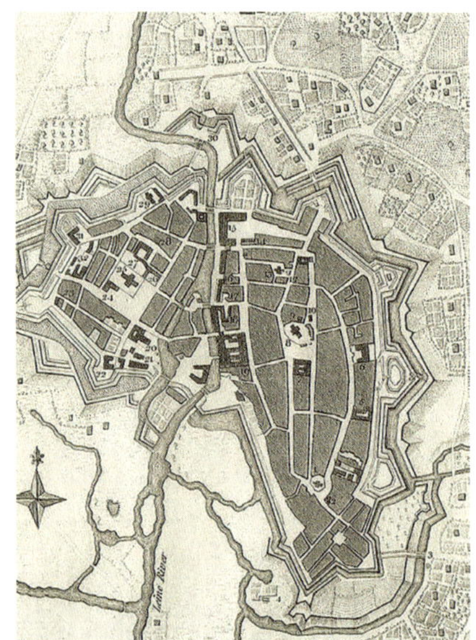

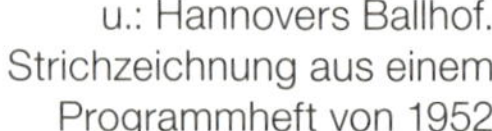

u.: Hannovers Ballhof. Strichzeichnung aus einem Programmheft von 1952

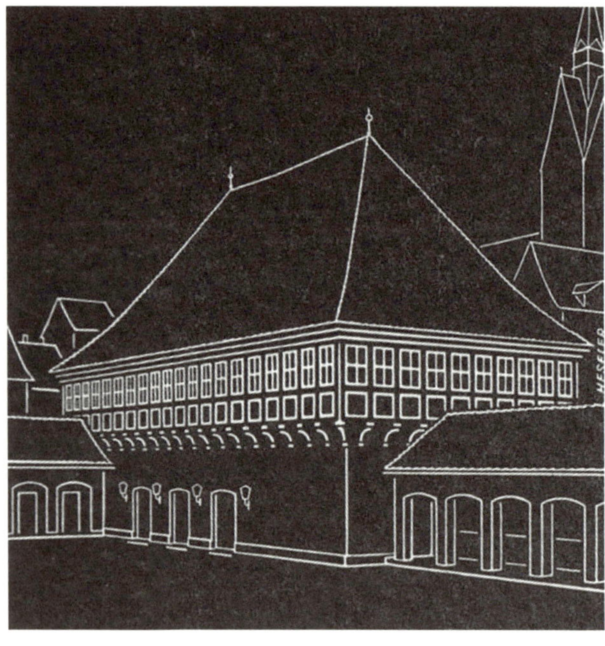

Als sie in Hannover gastierten, war Schröder bereits zu einem *„allgemein bewunderten, aber recht eigenwilligen, reizbaren und ehrgeizigen"* Jung-Star herangewachsen.[4]

Der Ballhof in Hannover war zu Schröders Zeit – im Gegensatz zum „höfischen" Theater bereits eine bürgerliche Spielstätte, die jeder besuchen konnte. Die Hannoveraner und Hannoveranerinnen machten davon regen Gebrauch. Sie begründeten Hannovers Ruf als „Theaterstadt". Auch der Adel besuchte das Theater im Ballhof.

So beispielsweise der Rittmeister Adolph Ludwig von Spörcken, *„dieser große Freund und Gönner des Schauspiels, der es im Ballhofe fast täglich besucht ..."*.[5]

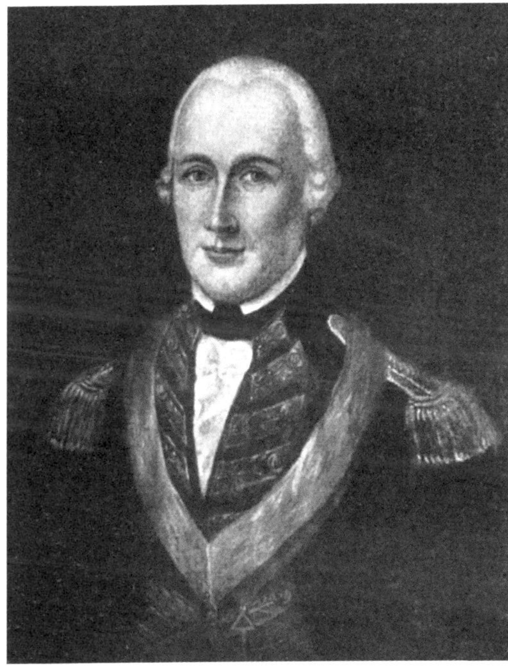

Theaterfreund Adolph Ludwig von Spörcken. Abb. aus dem Buch „Abriss der Geschichte ...", 1931.

4 Dieter Hadamczik: „Friedrich Ludwig Schröder in der Geschichte des Burgtheaters", Berlin, 1961

5 F. L. Meyer: „Friedrich Ludwig Schröder: „Beitrag zur Kunde des Menschen und Künstlers", Hamburg, 1819

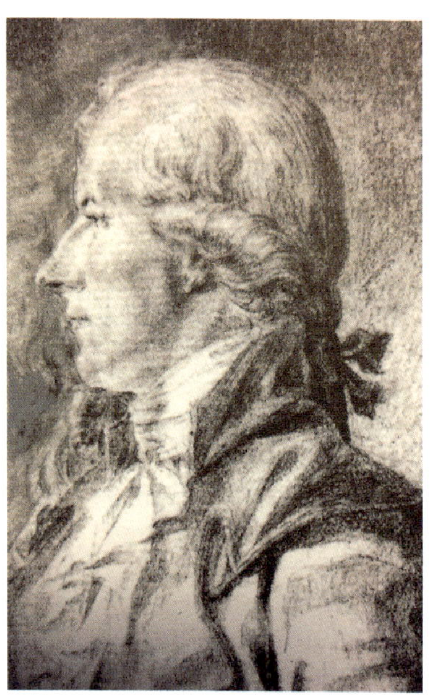

Friedrich Ludwig Schröder. Grafisch überarbeiteter Ausschnitt aus einer historischen Zeichnung.

Spörcken hatte Schröder im Ballhof angesprochen und ihm zum Auftritt gratuliert. Das machte Schröder Mut, seinerseits von Spörcken später einmal anzusprechen mit der kühnen (fast frechen) Bitte um Komparsen. Das Unglaubliche geschah. Von Spörcken stellte tatsächlich Soldaten ab, die dann als Komparsen auf der Bühne agierten.[6]

Zeitsprung: Von Spörcken wurde 1774 Gründungs-Logenmeister der hannoverschen Freimaurerloge „Zum schwarzen Bär“.

Neben der Schauspielerei spielte der junge Schröder 1763/64 in Hannover auch Billard um Geld. Er spielte gut und raffiniert. „*Das Billardspiel nährte in Hannover seinen Mann, aber andere Spiele verschlangen dessen Gewinn.*“ In einem der Ballhof-Räume stand offenbar ein Billard-Tisch. „*Junge...Offiziere bildeten einen frohen Kreis auf dem Ballhofe, dessen einziger bürgerlicher Teilnehmer Schröder war.*“[7]

6 ebd.
7 ebd.

Hannovers höfische Bühnen

Die „erste Adresse" in Hannover war aber zunächst eine ausschließlich höfische Location mit immerhin 1350 Plätzen. Das 1689 erbaute Schlosstheater und Opernhaus stand unmittelbar neben dem Leineschloss, dort, wo heute der Niedersächsische Landtag ist. Der Bühnentrakt befand sich an der Leinstraße, während sich der Zuschauerraum zur Flussseite hin erstreckte.

Das Schlosstheater galt bis ins 18. Jahrhundert hinein als eines der größten und schönsten Theater seiner Zeit.

Als Kurfürst Georg Ludwig als König Georg I. 1714 den britischen Thron bestieg, verwaiste allerdings das hannoversche Hofleben und damit auch das Schlosstheater. Den üblicherweise umherreisenden Schauspiel-Wander-Truppen blieb es freilich noch strikt verwehrt.

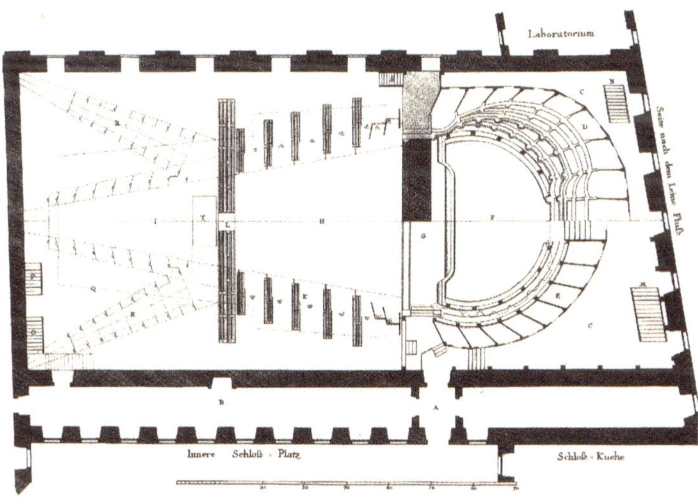

Hannovers Schlosstheater. Grundriss.

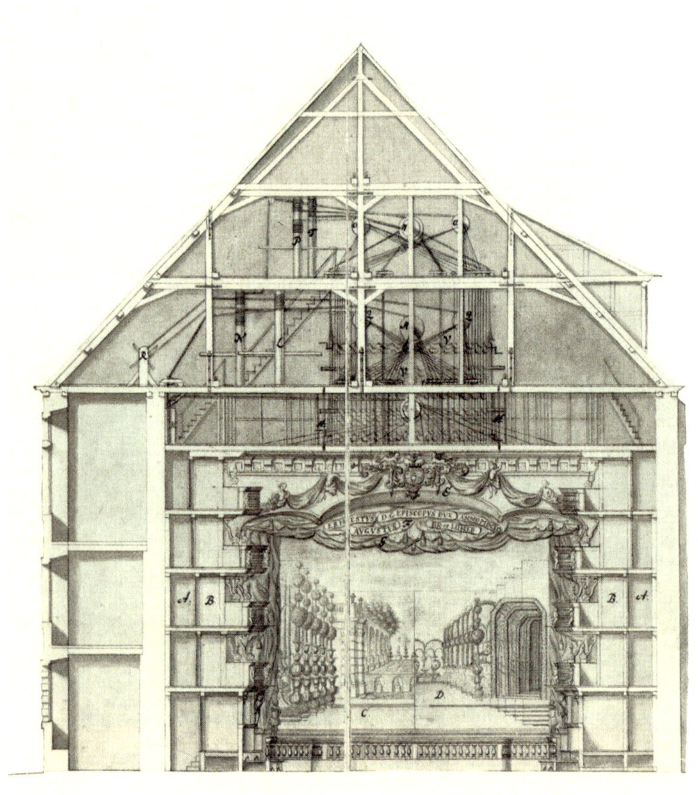

Schnitt durch das Schlosstheater. Tuschzeichnung von J. F. Jungen, 1746.

Das sollte sich in Schröders Zeit entscheidend ändern.

Eine weitere „höfische Adresse“ war das Gartentheater im Großen Garten von Herrenhausen. Das Gartentheater war 1694 in Stil des italienischen Barock entstanden und 1714 als barockes Kunstwerk so vollendet, wie wir es heute noch kennen. Der Adel ergötzte sich an musikalischen und theatralischen Darbietungen französischer Schauspieler. Die Freilichtbühne in Herrenhausen gilt als das erste „Heckentheater“ in den deutschen Landen. Auch die Bühne in Herrenhausen war für das „Fahrende Volk“ ebenso tabu, wie für das „gemeine Volk“.

Der Traum vom stationären Theater

1765, ein Jahr nach der Hannover-Spielzeit, starteten die Ackermanns in Hamburg den ersten Versuch, in einem Theatergebäude, genannt „Ackermanns Comoedienhaus“, sesshaft zu werden. Das war trotz einiger anderer Versuche relativ neu in den deutschen Landen. Es gab praktisch noch keinen *„kommerziellen Theaterbetrieb für das bürgerliche Publikum ... Feste Aufführungsorte und lokal ansässige Truppen“*[1] waren wohl träumbar, aber bis dato noch nicht wirklich machbar. Ackermanns Initiative ist deswegen zu den Pioniertaten zu zählen.

Durch keinen Geringeren als Gotthold Ephraim Lessing (1729–1781) wurde dieser Initiative ein historischer Meilenstein gesetzt. Lessing kam 1767 als Dramaturg an das – von ihm so gedachte – „Nationaltheater“ und scheiterte *„an der Uneinigkeit der Entrepreneurs“*, was er in seiner berühmten „Hamburgischen Dramaturgie“ beklagt. Aber vor allem: Die Zeit war noch nicht reif, und Deutschland war noch keine Nation.

Immerhin war dadurch die Verbindung von Ackermann, Ekhof und Schröder zu Lessing geknüpft, und dieser textete auch für die progressive Bühnenwelt der Ackermannschen Gesellschaft, schrieb für diese sogar die Uraufführung des ersten deutschen bürgerlichen Trauerspiels und blieb der Ackermann-Bühne mit diversen dramaturgischen Arbeiten verbunden.

Lessing gab Schröder einen guten Ratschlag mit auf den Weg: *„Dass Beifall Dich nicht stolz, nicht Tadel furchtsam mache.“*

Nach dem Scheitern des Nationaltheaters in Hamburg rückte Hannover in den Fokus der Pläne für einen festen Theaterstandort. Dem lange ruhenden Schlosstheater sollte neues Leben eingehaucht werden.

1 Wikipedia

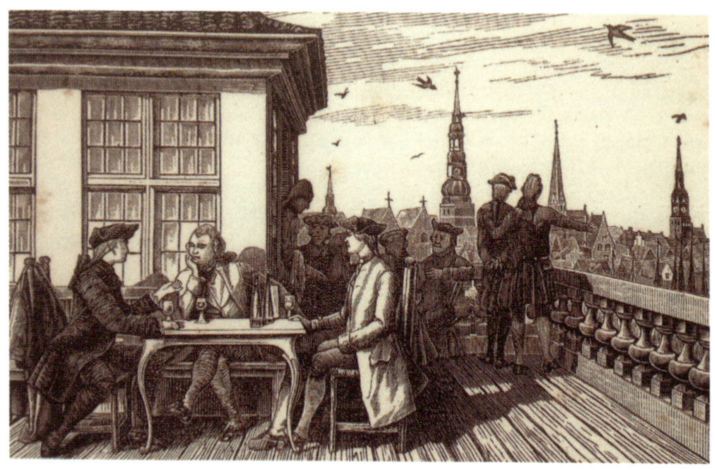

Gotthold Ephraim Lessing im Gespräch mit Herder und Claudius. Steindruck von 1770

Am 21. Dezember 1767 kam die inzwischen so genannte „Hamburgische Gesellschaft deutscher Schauspieler" auf eine Initiative des Hamburger Unternehmers Abel Seyler (1730–1800) nach Hannover, um hier einen festen Theater-Standort einzurichten.

Der Schwager von Abel Seyler, Johann Gerhard Reinhard Andreae (1724–1793), war Hofapotheker in Hannover und hatte Seyler nach dem Scheitern des Hamburger „Nationaltheater"-Projekts an das verwaiste Schlosstheater in Hannover gelockt. Das sollte mit höchstamtlicher Genehmigung nunmehr nach kaufmännischen Gesichtspunkten (auf eigene Rechnung und eigenes Risiko) bewirtschaftet und belebt werden.

Das war ein mutiger Schritt, der sich zwar vollziehen, aber nicht rechnen ließ. Glücklicherweise bewahrte Seylers wohlhabender hannoverscher Schwager das Unternehmen vor der finanziellen Pleite.

Minna und Mimen in Hannover

Am 5. Dezember 1768 spielte die Hamburger Truppe im hannoverschen Schlosstheater *„mit allergnädigster Bewilligung“* (Theaterprogramm) eine *„Comoedie des Herrn Leßing* (sic!) *in 5 Ackten* (sic!)“: „Minna von Barnhelm“.

Die Besetzungsliste weist aus: *„Herr Ekhof“* (als Tellheim), *„Madame Hensel“* (als Minna), *„Madame Mecour“* (als Franziska) *„Herr Ackermann“* (als Wachtmeister), *„Herr Schröder“* (als Wirt) u. a.

„Es war keine leichte Aufgabe, den Wirt in der Minna...zu spielen, doch löste sie Schröder am 5. Dezember zu seiner großen Ehre.“[1]

Der 24-jährige Schröder verliebte sich in diesem Jahr (1768) in die Darstellerin der „Franziska“, Susanne Mecour (1738–1784), *„eine schlanke, zierliche Gestalt mit lebhaftem Mienenspiel, Anmut in Haltung und Bewegung und einer hellen, wohllauten Stimme“*[2], mit der er in Hannover im Anschluss an die *„Minna ... ein historisch-pantomimisches Ballett“* getanzt hat. Das „Verhältnis“, das wohl in Hannover seinen Anfang nahm, dauerte, wenn man Schröders Biografen folgt, drei Jahre.

Trotz seiner finanziell gescheiterten Hannover-Mission blieb Seyler zunächst noch in der Stadt. Das hatte vor allem einen privaten Grund. Seine Tochter heiratete hier den Dichter Johann Anton Leisewitz (1752–1806).

Mit Leisewitz hatte Schröder während seines Hannover-Gastspiels Freundschaft geschlossen. Die Verbindung hielt offenbar auch über räumliche Entfernungen hinweg, wo sie es stets „... *innigst fühlten, dass Zeit und Entfernung die Freundschaft nicht schwä-*

1 Hannoversche Geschichtsblätter, 1886
2 ebd.

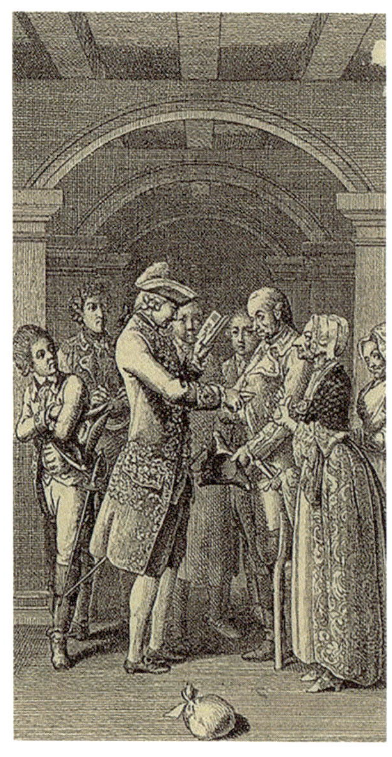

Szene aus „Minna von Barnhelm“. Stich von Daniel Chodowiecki 1774.

chen …“, wie Leisewitz seinem Freund Schröder später ins Stammbuch schrieb.

Seylers Bleiben in Hannover hatte interessant klingende Folgen. König Georg III. verlieh ihm aus dem fernen London den schönen Titel „Directeur Unserer Teutschen Hofschauspieler“. Das konnte er machen, denn der britische (Welfen-)König bestimmte auch über das in „Personalunion“ von 1714 bis 1837 mit England verknüpfte Hannover.

Der verliehene Titel war verbunden mit dem Auftrag, das Schlosstheater erneut und diesmal auch dauerhaft zu beleben. Seyler erhielt sogar einen jährlichen Zuschuss von 1 000 Talern aus der Hofkasse. Das reichte erst einmal, die Hamburger Mimen wieder ans Schlosstheater in Hannover zu holen.

Loge. Ideal und Wirklichkeit

Schröder war 1769 von Osten her angereist und hatte im April auch in Braunschweig gastiert. Zusammen mit seinem Bühnenkollegen Borchers hatte er sich dort bei der Freimaurer-Loge „Jonathan" um Aufnahme beworben und war abgelehnt worden. Wörtlich aus dem Protokoll vom 30. Mai 1769: *„Weil aber alle anwesenden Mitglieder viele erhebliche Ursachen wider ihre Aufnahme hatten, so wurde einhellig gestimmt, besagte Komödianten nicht aufzunehmen."*

Das klingt trotz angeblich *„erheblicher Ursachen"* nach vordergründigen sozialen Bedenken. Die dürften im Wertekanon der Freimaurer rund um Toleranz, Humanität, Freiheit und Gerechtigkeit neben dem Motiv der Selbstfindung und Sinnsuche eigentlich keine Rolle spielen. Bei der Ablehnung der „Komödianten" in Braunschweig war möglicherweise das Vorurteil stärker. Schauspieler waren oft noch soziale Außenseiter.

Dabei galt Freimaurerei als das *„stärkste Sozialinstitut der moralischen Welt"*.[1]

Freimaurer müssten eigentlich frei sein von Vorurteilen, denn Freimaurerei lebt von der Idee, Menschen unterschiedlicher Herkunft, Bildung und Glaubensrichtung brüderlich miteinander zu verbinden, frei nach dem Ideal: *„Alle Menschen werden Brüder"*.

Andere Logen lagen damals offenbar näher am Ideal als die Braunschweiger. Immerhin war Schröders Stiefvater Konrad Ernst Ackermann seit 1753 Freimaurer, und sein Bühnenpartner Konrad Ekhof war seit 1768 in der Loge, ohne dass irgendwelche „Bedenken" wegen des sozialen Standes bekannt geworden sind.

Leider stimmen Ideal und Wirklichkeit auch in der Freimaurerei nicht immer überein. Dass Schröder später besonders großen Wert

1 Reinhard Koselleck: „Kritik und Krise", Frankfurt a. M., 1973

auf „*Stimmigkeit*“ legen würde, sollte historisch vorbildlich werden. Freimaurerei als Idee des sinnvollen Bauens und Gestaltens von Zeit und Raum, war attraktiv für viele. Sicherlich wusste Schröder von der Mitgliedschaft mehrerer Menschen, die er kannte. Es war ihm auch bewusst, dass die Freimaurerei ihnen Halt und Sinn gab.

So war auch Abel Seyler Freimaurer (seit 1753, ab 1755 Mitglied bei „Absalom“ in Hamburg), ebenso wie Johann Joachim Christoph Bode (seit 1761), der für Ackermanns Theater in Hamburg arbeitete und u. a. Lessings „Hamburgische Dramaturgie“ verlegt hatte.

Lessing selbst trat dem Bund der Freimaurer 1771 bei.

Leider hatte sich neben anerkannten Großlogen und Logen auch eine ganze Reihe bunter Irrwege um Ritual und Geheimnistuerei (fehl-)entwickelt, und die Freimaurerei war nicht immer das, was sie vorgab zu sein.

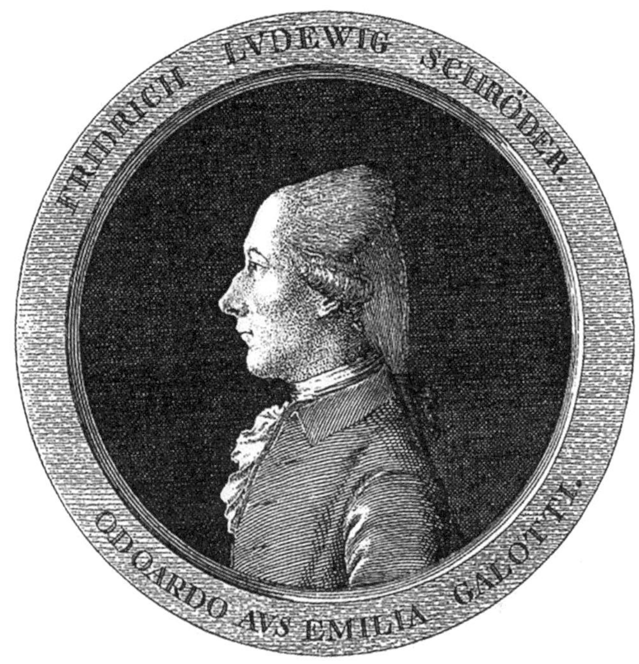

Friedrich Ludwig Schröder als Odoardo in Emilia Galotti.

Hannoversches Theaterabenteuer

Ganz sicher betroffen von der Braunschweiger Ablehnung war Schröder nach Hannover gereist. Am 4. September 1769 begann die Truppe mit Konrad Ekhof als „Principal" ihr erneutes hannoversches Theaterabenteuer – jetzt unter der Bezeichnung „Königlich-großbritannische Hofschauspielergesellschaft", mit Abel Seyler als „Directeur" und „Entrepreneur".

1769 spielten sie in Hannover u. a. „Miss Sara Sampson" von Gotthold Ephraim Lessing. Mit diesem ersten bürgerlichen Trauerspiel der deutschen Theaterliteratur verbanden sich für Schröder sentimentale Erinnerungen. Zur Uraufführung 1755 hatte er als zehnjähriger Knabe des Mädchen Arabella gespielt, und seine Mutter hatte zur Uraufführung die Lady Marwood gegeben. „Miss Sara Sampson" wurde fortan überall mit großem Erfolg auf die Bühne gebracht. Auch in Hannover gab es erfolg- und tränenreiche Theaterabende *„mit wiederholtem Beifall"*[1].

Für Abel Seyler hat sich das allerdings nicht ausgezahlt. Er musste nach erneuten starken Verlusten endgültig aufgeben.

Seylers *„Versuch, in Hannover ein stehendes Theater, das heißt, eine ständige Bühne mit einem auf längere Zeit fest engagierten Ensemble zu schaffen* [ist] *fehlgeschlagen. Schon damals ist das Theater auf Zuschüsse angewiesen. Aus Einnahmen allein kann es, genauso wie heute auch, nicht existieren."*[2]

Schröder konnte jedoch aus Seylers Wagnis und Scheitern nur lernen. Schröder, der selbst später als Theaterchef Verantwortung übernahm, verband mit Seyler eine respektvolle Freundschaft. Seyler schrieb Friedrich Ludwig Schröder (1780) ins Stammbuch u. a.:

1 Hannoversche Geschichtsblätter, 1886

2 Dr. Rudolf Lange: „Hannovers Theatergeschichte", Hannover, 1992

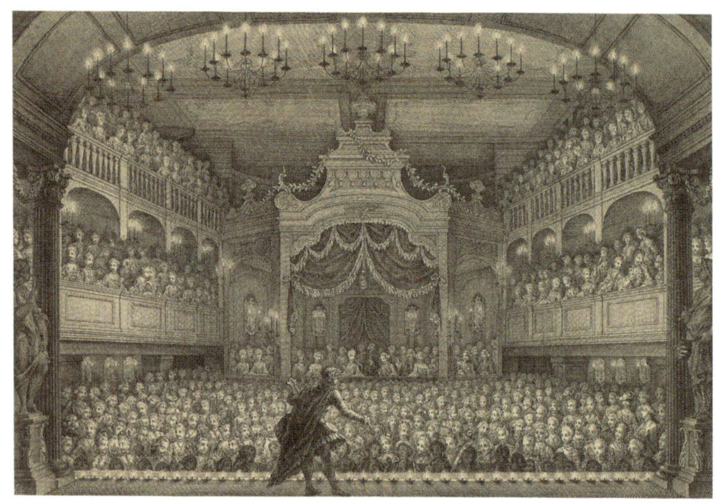

Die Schwierigkeit, ein ausverkauftes Haus zu erreichen. Theater. Simon Fokke. Stich um 1795

„Stolz auf den Künstler, den ich werden sah …", und zeichnete mit *„aus Herzens innigem Gefühl"*.

Dieser *„werdende Künstler"* Friedrich Ludwig Schröder machte eine steile Karriere. Er wurde begeistert gefeiert, wo auch immer er auftrat. *„Schröder begünstigten seine Gestalt, seine vollendete Deklamation, die Gewalt über jede seiner Bewegungen, mit Bedeutung aufzutreten ohne anspruchsvoll, mit körperlicher Ausbildung ohne geziert zu erscheinen, und Sicherheit und Gewandtheit des Benehmens zu verbinden."*[3]

Schröders Stiefvater Konrad Ackermann starb 1771. Schröders Mutter „erbte" gewissermaßen die „Ackermannsche Entreprise" in Hamburg und teilte sich mit ihrem Sohn die Geschäftsführung. Mit von der Partie waren übrigens auch Schröders Halbschwestern Caroline Dorothea (1752–1821) und Marie Magdalene Charlotte Ackermann (1757–1775).

3 F. L. Meyer : „Friedrich Ludwig Schröder: Beitrag zur Kunde des Menschen und Künstlers", Hamburg 1819

Hannoversche Intendanz

Schröder reiste 1771 nach Hannover, um einen erneuten Anlauf zu wagen, eine „stehende Bühne“ mit festem Ensemble aufzubauen. Es gab zwar keine konkreten Abmachungen, aber man hatte ihm in Hannover viel Wohlwollen entgegengebracht und große Hoffnungen in ihn gesetzt. Ja, er hegte wohl sogar den kühnen Gedanken, er könne vielleicht beides bewältigen: das Erbe seines Stiefvaters in Hamburg antreten und gleichzeitig die Intendanz in Hannover übernehmen. Das ließ sich nicht so ganz verwirklichen, aber die hannoverschen Aktivitäten Schröders ziehen doch deutliche Spuren.

Sein „Arbeitgeber“ in Hannover war der (in britischem Auftrag) amtierende Gouverneur, Herzog Carl von Mecklenburg-Strelitz (1741–1816), ein zugänglicher, weltoffener Mann und Freimaurer (Vater u. a. der preußischen Prinzessinnen Friederike und Luise). Der Herzog versuchte, Schröder nach Kräften zu unterstützen, und dieser stürzte sich, verhemement inszenierend und darstellend, in die Bühnenarbeit.

„Leidenschaft und Naturwahrheit sind die Leitsterne seiner Darstellungskunst. In ihr spiegeln sich die Triebkräfte der Sturm- und Drang-Epoche wider, jener literarisch so fruchtbaren Bewegung …“[1] So spielte Schröder im Verlauf der Folgejahre in Hannover Stücke vom „Sturm- und Drang-Dichter“ Maximilian Klinger („Die Zwillinge“), „Julius von Tarent“ von seinem hannoverschen Freund Johann Anton Leisewitz, Goethes „Clavigo“, „Reue nach der Tat“ von Heinrich Leopold Wagner, erstmals Shakespeares Dramen und „Die Komödie der Irrungen“, und natürlich immer wieder Lessings „Minna“, „Sara“ und „Emilia Galotti“.

1 Dr. Rudolf Lange: „Hannovers Theatergeschichte“, Hannover, 1992

„Mit derart anspruchsvollen Werken kann der Prinzipal Schröder auf Dauer jedoch die Kasse nicht füllen, und er muss Zugeständnisse an den Publikumsgeschmack machen.“[2] Schröder war ebenso vom Wohlwollen seiner Zuschauer abhängig, wie von den Einnahmen. Eine Wechselwirkung.

Die spürte er unmittelbar, als er (zusammen mit seiner Mutter) die Verantwortung für das vom Stiefvater geerbte Theaterunternehmen in Hamburg übernahm, welches er historisch mit dieser Wechselwirkung zu hoher Blüte geführt hat. *„Dem Publikum verdanke ich meinen Wohlstand“*, resümierte Schröder später einmal. Schröder inszenierte und spielte so, dass es beim Publikum „ankam“. Mit allerlei Zugeständnissen an den Publikumsgeschmack, freilich auch so, dass es dem Theaterdichter gerecht wurde. Diese Balance beherrschte Schröder meisterhaft.

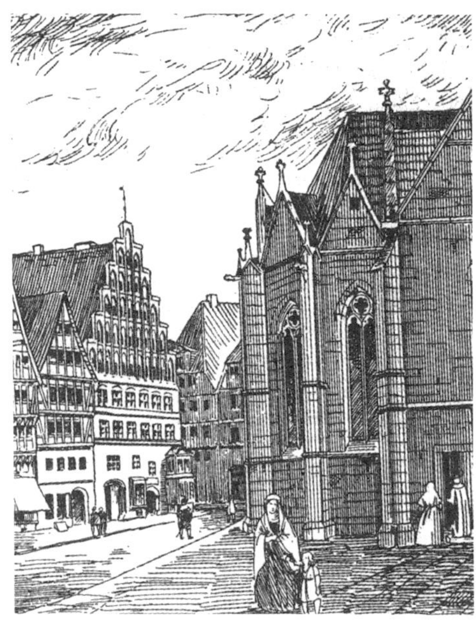

Alt-Hannover. Zeitgenössischer Holzstich

2 ebd.

Schröder in Celle

Eines Tages im Jahr 1772 kam der dänische Hofmarschall Baron Ransborg mit einem ganz besonderen Anliegen zu Schröder: *„Ich beschwöre Sie, bringen Sie Ihre Majestät zum Lachen!“*[1]

Gemeint war Caroline Mathilde (1751–1775), die mit 15 Jahren dem 17-jährigen dänischen König Christian VII. angetraut worden war. Dieser litt an einer fortschreitenden Geisteskrankheit, was wohl die unglückliche junge Königin in die Arme des Leibarztes Johann Friedrich Struensee (1737–1772) trieb. Als alles aufflog,

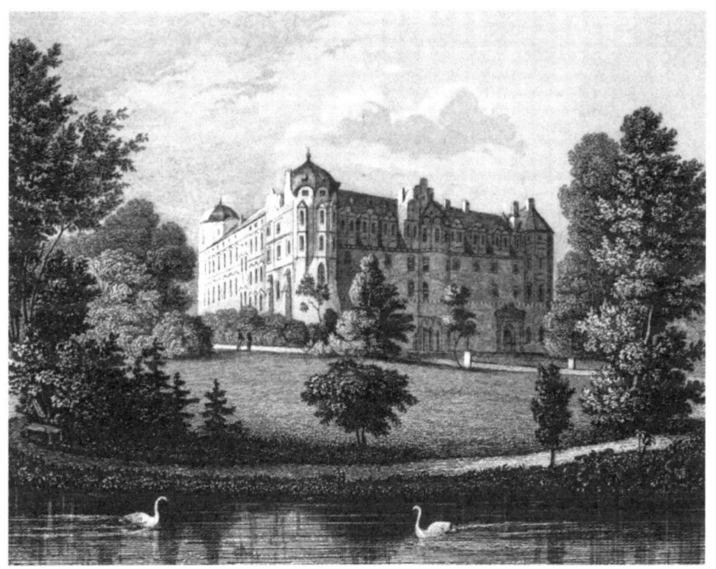

Das Celler Schloss. Stahlstich von Eduard Willmann, um 1840.

1 Hilde Knobloch: „Der Feuergeist“, Graz, 1949

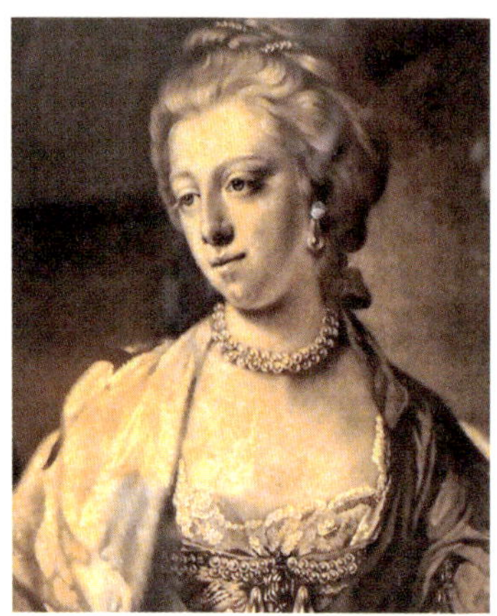

Die verbannte Königin Mathilde. Nach einem Pastell von Francis Cotes, 1766

landete Struensee auf dem Schafott und Caroline Mathilde 1772 in der Verbannung in Celle, wo sie schwermütig ihre Tage und Nächte verbrachte.

Der ihr bewilligte Hofstaat litt mit. Daher wohl die Bitte des Hofmarschalls an Schröder, die traurige Königin mit schauspielerischen Mitteln und Möglichkeiten aufzuheitern.

Schröder nahm die Herausforderung an. *„Jetzt bin ich Dein Narr, Mathilde von Dänemark! Lach, Königin, lach!“*[2]

Schröders hoher Kunst gelingt nach einigen Fehlversuchen das Wagnis. Er sieht von der Bühne aus *„zwei schneeweiße, strahlende Zahnreihen und zwei lachende Augen … Und hier auf der Bühne fällt für einen Herzschlag lang eine Mimenmaske. Friedrich Schröder steht da, und von seinem Gesicht gehen förmlich Strahlen aus. Der Narr blickt mit glückleuchtenden Augen in das Antlitz der Königin …“*[3]

Hier wird, romanhaft stark verbrämt, Schröders darstellerisches Genie angesprochen. Historisch ist es ihm wohl tatsächlich gelungen, die traurige Königin durch sein Bühnenspiel ein wenig aus ihrer Schwermut zu reißen.

Das Celler Schlosstheater ist für Schröder 1773 dann auch zu einem ganz besonderen Ort geworden.

2 ebd.
3 ebd.

Von der Bühne zum Traualtar

Am 17. Februar 1773 tanzte die 18-jährige Anna Christina Hart (1755–1829) im Schlosstheater Celle mit dem 10 Jahre älteren Friedrich Ludwig Schröder einen „Pas de deux" im Ballett „Die Scherenschleifer", für das Schröder auch die Choreographie verantwortete.

Am 18. Februar spielte sie in Celle die Rolle der „*... Lisette im hellsehenden Blinden, am 5ten März die stumme Schönheit. Schröder, der neben ihr den Laconius spielte, hatte zu sagen: `Gebt sie mir nur zur Frau, weil sie nicht reden kann`, aber sein Herz war noch nicht bei den Worten ...*"[1]

Aber die zarte Bande war offenbar (nicht nur auf der Bühne) geknüpft.

Schließlich war Schröder überzeugt, „*... sie besitze alle Eigenschaften ... Sie war unverdorben, verständig, gesund, hübsch und unbegütert ...*"[2]

So tanzten die beiden den „Pas de deux" auch ins Leben hinein.

Am 26. Juni 1773 heirateten sie in der Marktkirche zu Hannover „*... unter Einsegnung des Consistorialraths Schlegel*".[3]

Johann Adolf Schlegel (1721–1793) war seit 1759 Pastor an der Marktkirche. Seine Söhne August Wilhelm und Friedrich sind als Dichter der Romantik zu Ruhm und Ehre gekommen.

Schröder hat den Tag der Eheschließung in Hannover „*... für den glückbringendsten seines Lebens gehalten*".[4] Die Ehe wirkte auf Zeitgenossen harmonisch, blieb kinderlos und hielt ein Leben lang. Den später unehelich gezeugten Sohn hat sie ihm vielleicht verziehen.

1 Friedrich Ludwig Meyer: „Friedrich Ludwig Schröder: Beitrag zur Kunde des Menschen und Künstlers", Hamburg, 1819
2 ebd.
3 ebd.
4 ebd.

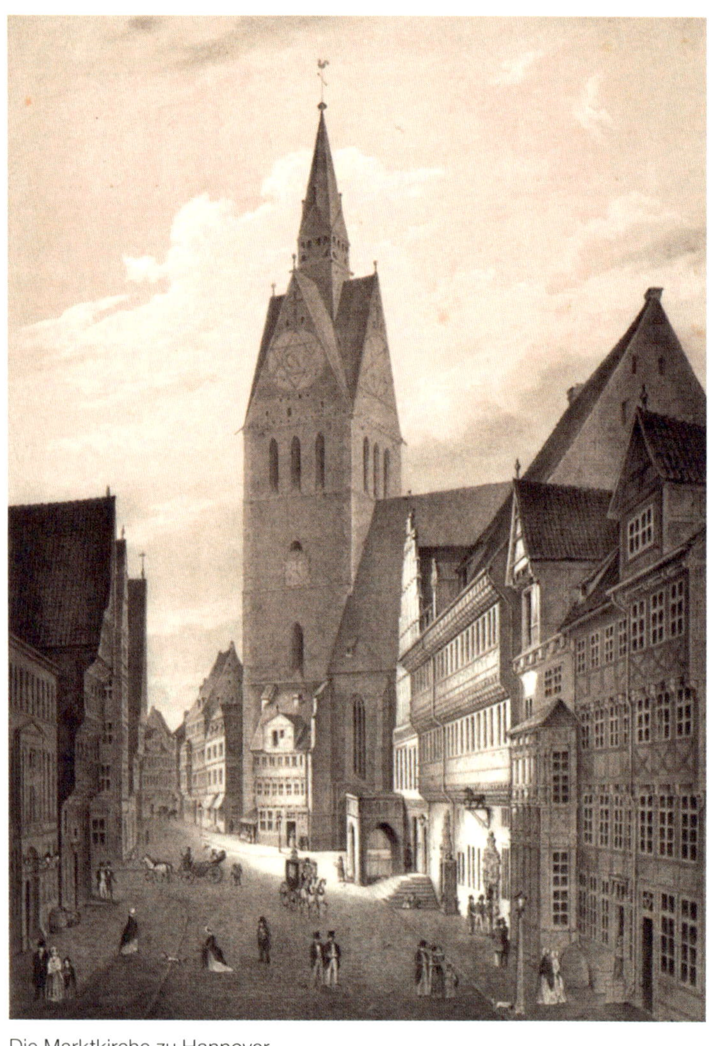

Die Marktkirche zu Hannover.

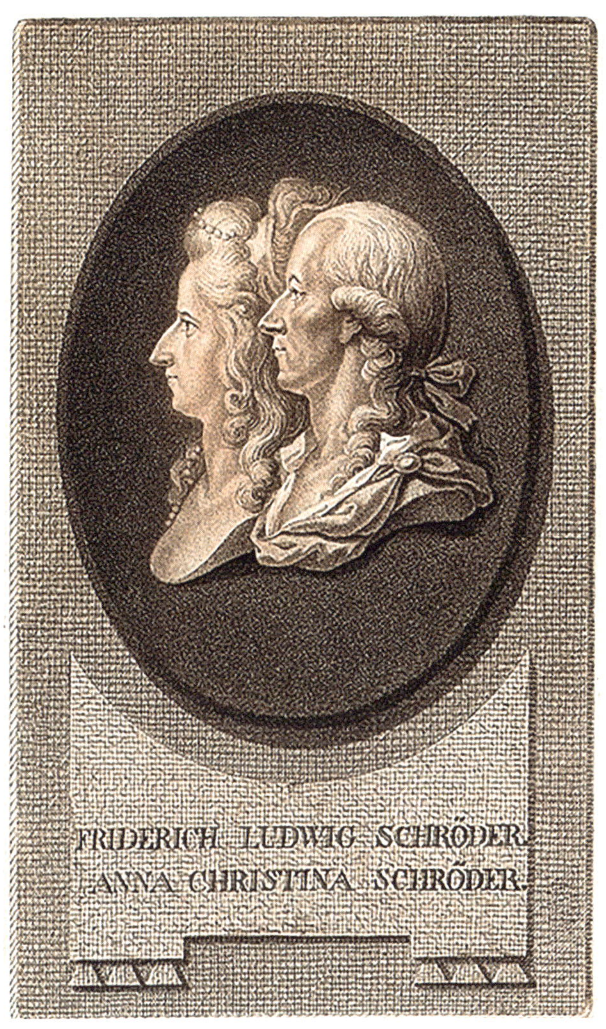

Das Ehepaar Schröder.

Bode bürgt

Seit 1759 arbeitete ein Mann für die Ackermannschen Theaterunternehmungen, der sich bedeutende publizistische Verdienste um die Kunst und die Künstler erworben hat: Johann Joachim Christoph Bode (1730–1793). Bode, theaterbegeistert und aufklärerisch gesinnt, hielt große Stücke auf Schröder, und dieser fühlte sich mit Bode eng verbunden.

Bode, Spross einer Tagelöhnerfamilie, stammte aus Barum bei Braunschweig, war in Hannover als Oboist und Fagottspieler Militärmusiker bei der Infanterie gewesen und hatte sich in Celle als

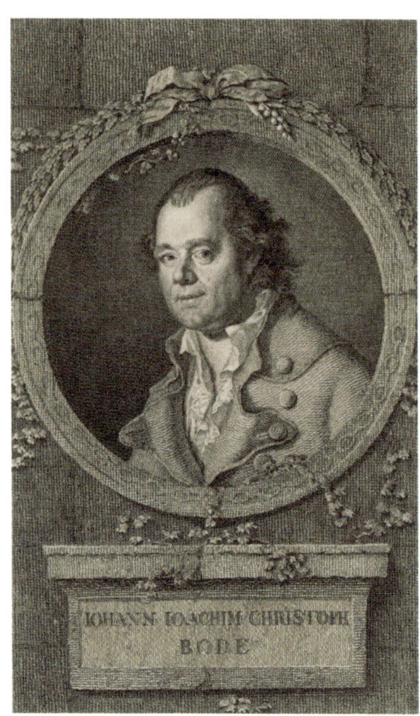

Schröders Bürge Johann Joachim Christoph Bode. Stich von E. S. Henne

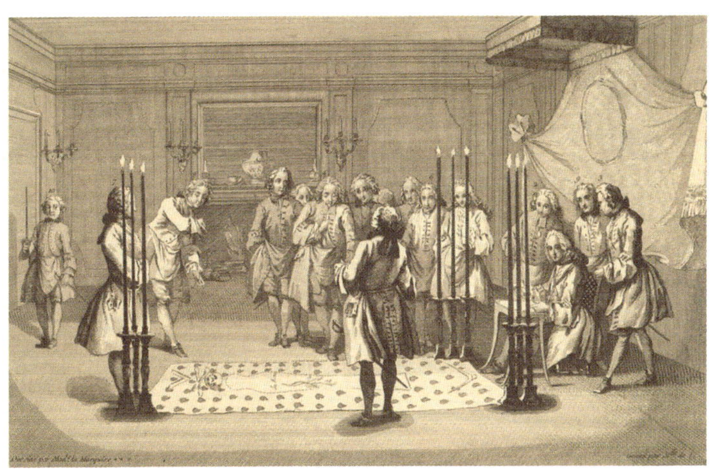

Freimaurer bei der „Arbeit". Zeitgenössischer Stich, 1733

Kompositeur versucht. Als Musiklehrer war er nach Hamburg gelangt, wo er reich heiratete, einen Verlag gründete und schließlich als Verleger von Lessing, Goethe, Herder, Klopstock u. a. reüssierte. 1761 nahm ihn die Loge „Absalom" in Hamburg zum Freimaurer auf, 1765 wurde er deren „Meister vom Stuhl" (im Wortsinn von Chairman als Vorsitzender) , 1773 gar „zugeordneter Großmeister". Als solcher leitete er die Aufnahmeloge für Goethe in Weimar.
Bode hat Schröder der Loge „Emanuel zur Maienblume" in Hamburg zugeführt. Zur festlichen „Arbeit" am 8. September 1774 verkündete der amtierende Meister vom Stuhl den versammelten 23 Brüdern, „*... dass sich ein freier Mann, namens ... Friedrich Ludwig Schröder, Director der hiesigen deutschen Schauspieler, ... ernstlich gemeldet*" habe (Protokoll) und zur Aufnahme vorgeschlagen sei.
Die Aufnahme in die Loge erfolgte dann ritualgemäß nach den „Regeln der Königlichen Kunst". „*Der vorgeschlagene Candidat ... ist 29 Jahre, lutherischer Religion, in Hamburg wohnhaft und wurde in der Ordnung zum Lehrling aufgenommen*" (Protokoll).
„*In Ordnung*" sei Schröder aufgenommen, heißt es. Man muss hinzufügen: ohne „Ballotage" (Abstimmung). Dazu gibt es zwei Lesarten. Die eine besagt, dass Schröder in Hamburg so sehr bekannt

und beliebt gewesen war, dass man auf „Kugelung" (Abstimmungsmodus) verzichtete. Die zweite Lesart geht davon aus, dass Bode seine Stellung und seinen Einfluss nutzte, um Schröder ein Debakel wie in Braunschweig zu ersparen.
Wie auch immer. Nun (1774) war Schröder Freimaurer, und er sollte dieser weltbürgerlichen Bewegung ebenso seinen Stempel aufdrücken, wie er das mit der Schauspielkunst so erfolgreich am Theater getan hatte.
Bereits sechs Wochen nach seiner Aufnahme gründete er – selbst noch im „Lehrlingsgrad" – die Loge „Elise zum warmen Herzen", damit Mitglieder seiner Schauspieltruppe in sie aufgenommen würden und dadurch festen sittlichen Halt erhielten. Diese Logengründung eines „Lehrlings" war sozusagen irregulär erfolgt, wenn auch aus enthusiastischen Motiven des von der Freimaurerei begeisterten Friedrich Ludwig Schröder. Man möchte ihm mit Sympathie folgen und denken, der ideelle Zweck heilige vielleicht die Mittel. Aber das ging natürlich so nicht, und die romantische Logengründung hielt sich nur drei Jahre ohne offizielle Anerkennung und ohne ihrem Gründungsgedanken gerecht werden zu können.

Schröder mit Hamlet in Hannover

Schröder gelang es auf eindrucksvolle Weise, Shakespeare im deutschen Sprachraum populär zu machen. *„Erst die Shakespeare-Bearbeitungen Friedrich Ludwig Schröders waren der Beginn, Shakespeares Dichtung wieder zu ihrem Recht zu verhelfen.“*[1]

Dabei war er in einer Person Intendant, Regisseur, Dramaturg, Schauspieler und selbstbewusster Autor, der nicht davor zurückscheute, sogar den großen Shakespeare zu redigieren. Und zwar mit Rücksicht auf sein Publikum, welches sich „amüsieren“ und „erbauen“ wollte und dramatische Stoffe noch nicht „ertragen“ konnte. Beispielhaft ein Zeitungsbericht über eine zunächst werkgetreue „Othello“-Inszenierung unter Schröders Regie in Hamburg: *„Ohnmachten über Ohnmachten erfolgten während der Gräulszenen … Man ging davon oder wurde notfalls davongetragen …“* Also veränderte Schröder die *„Gräulszenen“*. Desdemona hatte nun am Leben zu bleiben, und Othello musste den reuigen Sünder mimen.

Selbst bei „Hamlet“ war das Publikum dem dramatischen Ende noch nicht gewachsen. Folglich ließ Schröder seinen Hamlet überleben und König von Dänemark werden.

Die Menschen dankten es ihm mit ausverkauften Vorstellungen. Das lag auch daran, dass Schröders Bearbeitung niemals platt und naiv war, sondern trotz Happy End hohes dramaturgisches Niveau hatte.

1771 hatte Schröder den Schauspieler Johann Franz Hieronymus Brockmann (1745–1812) in Hamburg engagiert. *„Hier vervollkommnete er sein Künstlertalent unter Friedrich Ludwig Schröders Leitung so rasch und so glänzend, dass er neben den besten Schauspielern Deutschlands genannt werden musste.“*[2]

1 Ruth Freydank: „Theater in Berlin“, Berlin, 1988
2 Wikipedia

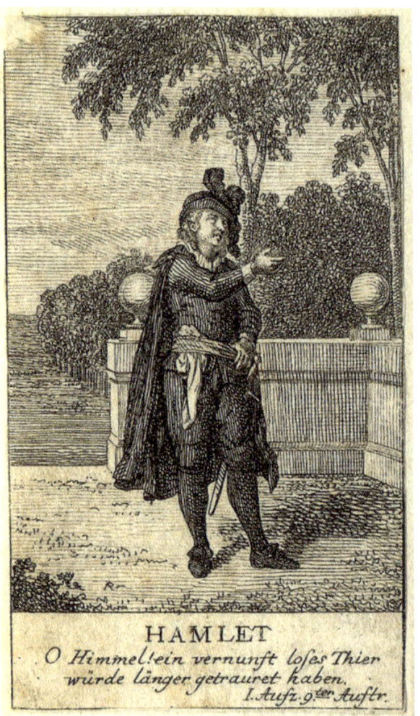

Johann Franz Hieronymus Brockmann als Hamlet. Stich von Chodowiecki, 1778.

1776 besetzte Schröder den „Hamlet" erstmals mit Brockmann, und am Neujahrstag 1777 spielten sie „Hamlet" mit rauschendem Erfolg in Hannover.

Brockmann glänzte in der Hauptrolle und Schröder spielte den „Geist". Lessings Freund Reimarus relativierte: *„Was sprecht ihr immer allein von Brockmann? Auf den Geist seht! Den Geist bewundert. Der kann mehr, als die anderen zusammen."*[3]

Trotz aller Erfolge blieb der ehrgeizige Schröder selbstkritisch. Am 13. März 1777 schrieb er aus Hannover an den Theaterdichter Friedrich Wilhelm Gotter (1746–1797), dass es ihm Probleme bereite, *„... dass ich mit aller Mühe und möglichem Fleiß nicht imstande bin, das Theater zu dem Grade von Vollkommenheit zu bringen, den ich seit einigen Jahren so eifrig suche ..."*[4]

3 zitiert aus Berthold Litzmann: „Der große Schröder", Berlin, 1903
4 Berthold Litzmann: „Schröder und Gotter" , Hamburg 1887

„Materialien“

Interessant, dass er Gotter am 20. Dezember 1777 per Brief auch anvertraut, *„ein sehr gewissenhafter Logenbesucher“* zu sein. Diese aktive Mitgliedschaft führte dazu, dass er 1775 in den Meistergrad erhoben und 1787 zum „Meister vom Stuhl“ der Loge „Emanuel“ gewählt wurde. Schröder war mit großer Begeisterung dabei. Er kaufte, sammelte und erfragte alles, was man damals über Freimaurerei bekommen und wissen konnte.

Später, nach Jahren intensiven Forschens, entstanden daraus die „Materialien zur Geschichte der Freimaurerei“.

In England hatte sich die Freimaurerei entwickelt, und der Zusammenschluss von vier Logen zu einer „Großloge“ am 24. Juni 1717 gilt als der Gründungstag der modernen Freimaurerei. Gefunden hatte Schröder bei seinem intensiven Quellenstudium allerlei „Spielarten“ und „Abarten“ der ursprünglichen Idee und Ritualistik, aber wenig vom Ursprung.

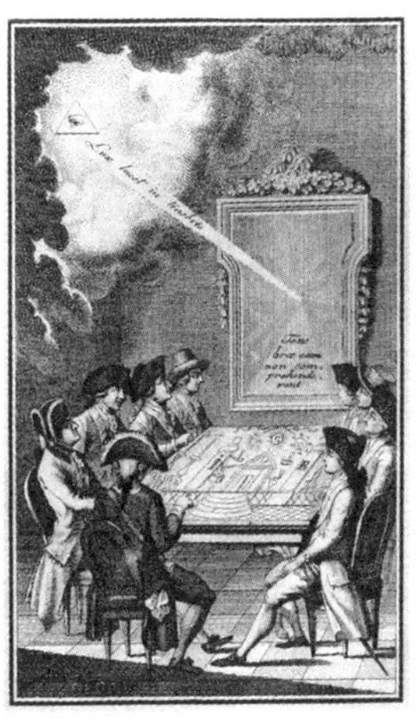

Freimaurerischer „Unterricht“, zeitgenenössischer Stich, 1791.

Auch von der Tradition der „Ancient free and accepted masons", der „Alten Freien und Angenommenen Maurer", war in der zweiten Hälfte des 18. Jahrhunderts in den deutschsprachigen Logen nicht mehr viel übrig geblieben.

Aus den gesammelten Materialien und seinen Überlegungen schrieb er später alles auf, was in der Freimaurerei *„symbolisch als Leitfaden zur sittlichen Freiheit und Bruderliebe von der Geburt bis zum Tode dem denkenden Menschen helfend und warnend zur Seite stehen kann"*.

Eine symbolische *„Bühne des Lebens"*, wie das Theater. Schröder *„begriff das Theater als Sittenschule einer aufgeklärten, vernünftigen Moral, die den Zuschauer ... anleiten sollte"* – zum Umdenken aufs Leben und Handeln.[1]

Freimaurerei, *„... die alle Eigenschaften hat, die Menschen besser zu machen"* (Schröder) erschien ihm in dieser Parabel durchaus verwandt.

Goethe sieht das in seinem „Wilhelm Meister" ähnlich: *„Wilhelm Meister begreift seine theatralische Sendung ... als Etappe eines Bildungsweges, der ihn weiterführt in die Utopie einer freimaurerisch inspirierten ... verbindenden Lebenswelt"*.[2]

Die hier als *„Utopie"* angesprochenen hohen Ideale, sind zwar wohl in der Tat schwerlich erreichbar. Das sollte aber kein Grund sein, nicht nach ihnen zu streben und das Machbare des Denkbaren auch zu tun.

1 Ulrike Krone-Balcke: „Neue deutsche Biographie", Band 23, Berlin, 2007
2 Günther Erken: „Theatergeschichte", Stuttgart, 2014

Von Wien nach Hannover

„Unter seinen Zeitgenossen galt er unbestritten als einer der Großen, unter den Mitgliedern seines Standes sogar unbedingt als der Größte.“[1] Schröder hat bis zur Jahrhundertwende vom Lustspiel bis zum Drama „alles“ gespielt. Bis 1798 hat er 584 unterschiedliche Rollen verkörpert, 70 neue Tanzspiele gesetzt und darin auch selbst getanzt, 152 Schauspiele bearbeitet, aus dem Englischen und dem Französischen übersetzt und teilweise auch selbst verfasst. *„Schröder“*, schrieb Klopstock, *„spielt keine Rolle gut, er ist immer auch der Mann selbst.“* Der Schauspieler Joseph Anton Christ (1744–1823): *„Alles Auseinandersetzen der besten Dramaturgen ist nichts, ist nur simples Wasser gegen diesen Feuergeist.“* Schröder zeichneten *„wundervolle Siegeszuversicht und Schaffensfreude“* aus.[2]

Johann Wolfgang von Goethe (1749–1832): *„Viele sahen Dich mit Wonne, Dich wünschen so viele zu sehen; reise glücklich! Du bringst überall Freude mit hin.“*[3] Friedrich von Schiller (1759–1805) sah in Schröder *„das Genie des großen Schauspielers und Denkers“* und glaubte, *„durch eine genauere Verbindung mit Ihnen ein Ideal zu realisieren, das ich ohne Sie ganz verloren geben muss“*.[4]

1781 berief man Schröder als Direktor, Intendant und Schauspieler an das berühmte Burg-Theater in Wien. Vier Jahre spielte und inszenierte er dort mit überwältigendem Erfolg. Er begann auch, mit eigenen Werken zu glänzen. *„Mit selbstverfassten Stücken wurde er zu einem der meistgespielten Autoren des 18. Jahrhunderts. … Bleibenden Wert kann keins dieser Bühnenerzeugnisse … bean-*

1 Berthold Litzmann: „Der große Schröder“, Berlin, 1903
2 ebd.
3 Goethe in Schröders Stammbuch
4 in einem Brief an Schröder

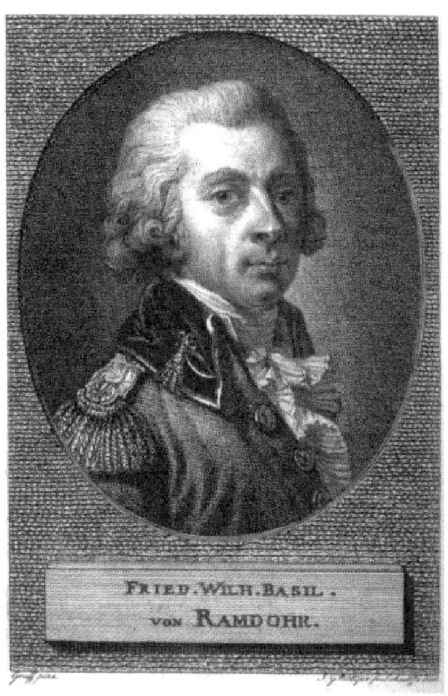

Schröder-Förderer Baron von Ramdohr aus Hannover. Stich von J. G. Böttger, 1795.

spruchen ...", aber sie fanden *„beim Publikum jener Tage lebhaften Anklang"*.[5]

In Wien lernte Schröder den hannoverschen Diplomaten Basilius von Ramdohr (1757–1822) kennen, der 1784 versuchte, Schröder wieder nach Hannover zu locken und sich für ihn beim Herzog von York einzusetzen. *„Ich habe eine ziemlich genaue Bekanntschaft mit einem hannöverschen Baron Ramdohr gemacht."*[6]

Ramdohr fand Schröder *„auch als Mensch in häuslichen und bürgerlichen Verhältnissen höchst verehrungswürdig"*.[7] Er war überzeugt, *„dass das Publikum hauptsächlich Ihretwegen ins Theater geht"*, und schrieb Schröder 1786 ins Stammbuch seine Hochachtung für den Künstler *„und Ihre Kunst, lieber Schröder, dem Andenken unserer Freundschaft"*.

Sein begeisterter Vermittlungsversuch hatte Erfolg.

5 Berthold Litzmann: „Der große Schröder", Berlin, 1903
6 Schröder in einem Brief an F. L. W. Meyer, 13.Oktober 1784
7 B. v. Ramdohr: „Über ... das Schöne und die Schönheit in den nachbildenden Künsten", Hannover, 1793

Schröder und die Musenstadt Hannover

Schröder ging 1785 wieder nach Hannover und spielte Lessing, Goethe, Schiller und andere deutsche Dramatiker. „*Als Ganzes gesehen zeigt Schröders Spielplan, dass nun die Stücke deutscher Autoren das lange Zeit bevorzugte französische Drama in den Hintergrund drängen.*“[1]

Er inszenierte in dieser hannoverschen Spielzeit 9 Trauerspiele, 9 Schauspiele, 24 Lustspiele und 17 sogenannte Nachspiele. Schröder selbst war in 22 verschiedenen Rollen zu bewundern.

Schröders erneute Hannover-Zeit war glanzvoll. „*Schröder wird nach seinem letzten Gastspiel, das von Oktober 1785 bis März 1786 dauert, ungewöhnlich gefeiert – eine Hannoveranerin überreicht ihm einen Vergissmeinnicht-Kranz mit einem Huldigungsgedicht, und die Kunstfreunde der Stadt schenken ihm einen silbernen Tafelaufsatz.*“[2]

Der „Geheime Canzleysecretair“ Ernst Brandes (1758–1810) schrieb Friedrich Ludwig Schröder am 5. März 1786 in Hannover ins Stammbuch: „*Sie bewiesen uns, dass ein großer Schauspieler in allen Gattungen von Rollen gleich groß sein könne, und ließen uns hier eine Schauspiel-Direktion sehen, die niemals übertroffen werden kann.*“

In seinem Aufsatz „Über die gesellschaftlichen Vergnügungen …“ hat er dann auch die Bedeutung der Theaterstadt Hannover hervorgehoben: „*Nach den Zeugnissen des größten Schauspieldirektors unserer Zeit gibt es keine Stadt in Deutschland, wo eine deutsche Komödie von dem gemeinen Mann so anhaltend besucht wird, als Hannover.*“

1 Dr. Rudolf Lange: Hannovers Theatergeschichte“, Hannover, 1992
2 ebd.

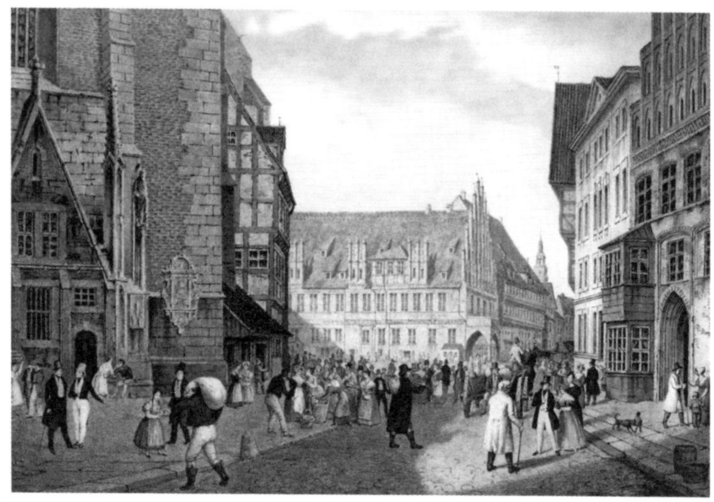

Marktplatz Hannover zu Schröders Zeit.
Lithografie von Rudolf Wiegmann, 1834

Als „*Musenstadt*“ betitelt Ernst Büttner die Stadt Hannover im Zusammenhang mit Schröders Inszenierung und schreibt: „*Auch ohne Anwesenheit des Landesherrn erhielt sich in der Stadt die Blüte des Geisteslebens.*“[3]

Schröder selbst hing bekenntnishaft an Hannover. Dem „*Publikum schrieb er mehr Regsamkeit und Richtigkeit der Empfindung zu, als er sonst im Norden angetroffen, und er bedauerte sehr, dass die Notwendigkeit auf Geldeinnahme Rücksicht zu nehmen, ihm nicht erlaubt habe, bloß für Hannover zu wirken*“.[4] Er gedachte „*keines Aufenthalts so gern und so oft*“.[5]

3 „Chroniken deutscher Städte“, Stuttgart, 1937
4 F. L. Meyer: „Friedrich Ludwig Schröder: Kunde ...“, Hamburg, 1819
5 ebd.

Schröder steckt an

„Die Schrödersche Gesellschaft hatte in klassischen Mustern die unsterblichen Werke Shakespeares … vorgeführt und die hannoversche Jugend mit Begeisterung für die Schauspielkunst erfüllt."[1]

Zwei der begeisterten Jungen aus Hannover waren August Wilhelm Iffland (1759–1814) und Carl Philip Moritz (1756–1793). Beide haben sich nach Schröder-Gastspielen, wie Jugler schreibt, unwiderstehlich zum Theater hingezogen gefühlt. Iffland später über den Eindruck, den Schröder auf ihn gemacht hat: *„Das lässt sich gar nicht beschreiben! Sehen! Fühlen muss man es! Sein Blick entschied: wohin er diesen wandte, da erblindete man …"*

Iffland, 1759 in Hannover im Leibnizhaus in der Schmiedestraße 10 geboren, war so begeistert, dass er 1777 heimlich sein Elternhaus verließ, um selbst Schauspieler zu werden. Tatsächlich avancierte er zu einer der führenden Persönlichkeiten im Theaterleben, wurde durch Ekhof in Gotha gefördert, durch Schröder in Hamburg zum Freimaurer gemacht, war Autor, Schauspieler, Intendant, 1796 Direktor des Nationaltheaters in Berlin und schließlich 1811 Generaldirektor aller königlichen Schauspiele.

Karl-Philipp Moritz hat es lebhaft versucht, aber nicht geschafft, Schauspieler zu werden. Dafür machte er als Autor der „Sturm-und-Drang"-Bewegung von sich reden. Auch er wurde Freimaurer (1779).

Beide stehen beispielhaft für eine um sich greifende Theaterbegeisterung, die Schröder damals, wie in Hannover und Hamburg, überall in den deutschen Landen ausgelöst hat.

1 August Jugler: „Die Schulkömödie", Hannover, 1883

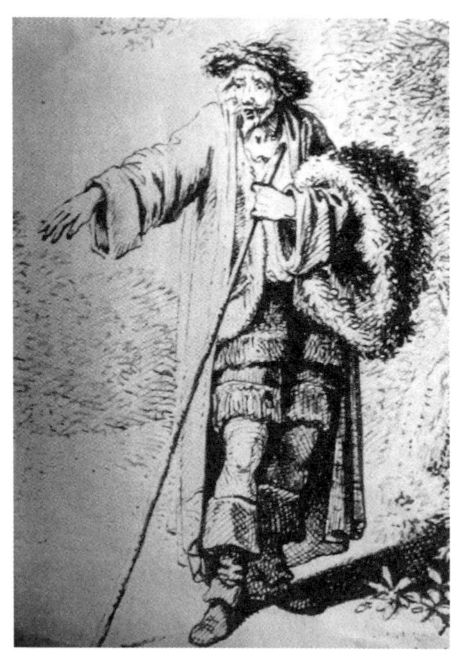

Schröder als Lear..

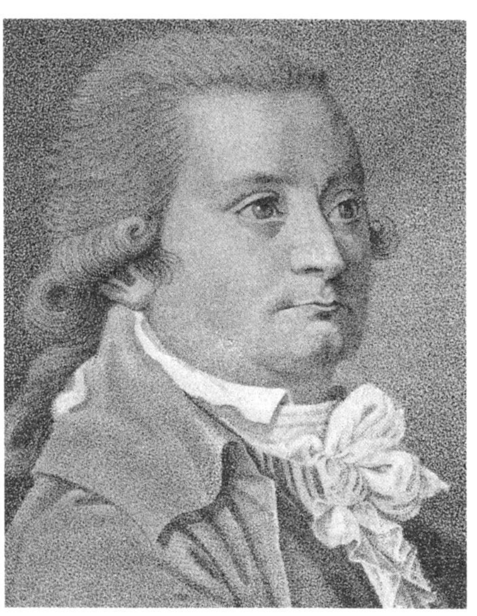

August Wilhelm Iffland
aus Hannover.

Irrungen und Wirrungen

Als Schröder 1785 sein erneutes Gastspiel in Hannover begann, war sein Auftraggeber immer noch Herzog Karl von Mecklenburg-Strelitz als hannoverscher Gouverneur des britischen Königs. Diesmal führte die beiden auch noch etwas anderes als das Theaterengagement zu Gesprächen und zum Gedankenaustausch. Der Herzog war nämlich ebenfalls Freimaurer (seit 1766).

Schröder hat während seines Gastspiels auch Kontakt zu den hannoverschen Logen aufgenommen. In einem alten Stadtplan kann man sehen, dass Schröders Wirkungsstätte, das Schlosstheater, in unmittelbarer Nähe zum Logenhaus der Loge „Zum weißen Pferde" (ab 1786 „Friedrich zum weißen Pferde") in der Köbelinger Straße 6 lag. Nicht weit war es auch zum Domizil der Loge „Zum schwarzen Bär" in der Seilwinderstraße 4 (1779–1786). Die dritte hannoversche Loge „Zur Ceder" arbeitete in der Großen Duvestraße (1777–1790).

In Briefen erwähnt er einige Logenbesuche in Hannover:

„*... nach der Comödie ging ich zur ... Tafelloge...*"

„*... nach Ende des 2. Aktes ging der Herzog zur Loge, und er wurde dort so brillant empfangen, dass er bei der Tafel blieb, die übrigens aus 96 Brr. bestand ...*" („Brr." Kürzel für „Brüder")

„*... morgens Tanzprobe, abends bis 9 Uhr im Freimaurerkonzert ...*"

Schröder hat in Hannover 1785 auch etwas mitbekommen, was er schon nach dem ersten Resümee aus seinen gesammelten „Materialien" geradezu vorhersehen konnte. Es ging um die umstrittene „Strikte Observanz".

Die „Große Landesloge" (zu der der „Bär" und die „Ceder" gehörten), verbot 1785 ihren Mitgliedslogen den maurerischen Verkehr

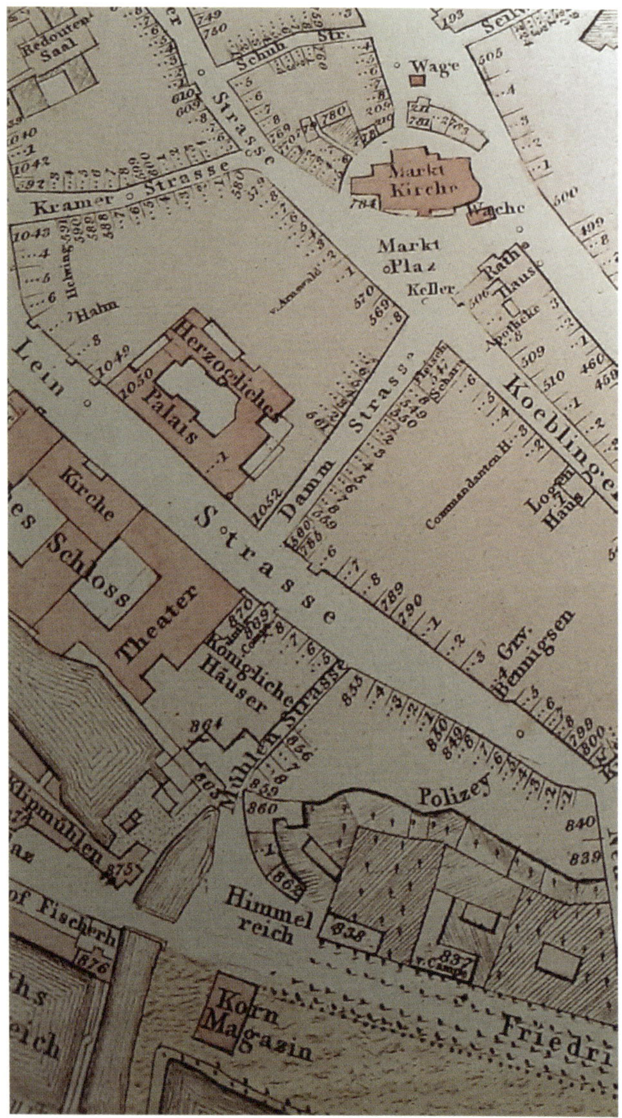

Ausschnitt aus einem hannoverschen Stadtplan von 1800. Oben der Altstadt-Mittelpunkt: Die Marktkirche. Mitte rechts im Plan vermerkt: Das Logenhaus in der Köbelinger Str. Links an der Leinstr. das Schloss mit dem Theater, Schröders Wirkungsstätte.

mit der „Strikten Observanz“ (dazu gehörte die Loge „Zum weißen Pferde“).

Die Loge „Zum schwarzen Bär“ widersetzte sich dem Verbot und bekundete, man stelle den brüderlichen Umgang höher als irgendwelche Systemunterschiede. Der „Bär“ verließ deshalb die „Große Landesloge“ und unterstellte sich im Folgejahr 1786 direkt der Großen Loge von England.

Die sogenannte „Strikte Observanz“ hatte Schröder bereits in seinen Hamburger Forschungen als Hauptschuldige für die Irrungen und Wirrungen in den deutschen Logen ausgemacht.

„Strikt“ meint „ohne Widerrede“, und „Obervanz“, aus dem Lateinischen „observare“, heißt: „beobachten“, „befolgen“. So hatte man beispielsweise „Geheime Obere“ erfunden, denen man angeblich zu gehorchen hatte und die im Besitz okkulter Geheimnisse sein sollten.

Die „Strikte Observanz“ lag damals sozusagen im gesellschaftlichen Trend, hatte aber mit Freimaurerei nichts zu tun, obwohl sie genau dieses vorgab. *„In allen Schichten der europäischen Gesellschaft herrschte ... der Hang zu mystischer Schwärmerei. Man erfreute sich an metaphysischen Lehren ... man grübelte über das Übersinnliche, man wollte die Geheimnisse des Lebens und des Jenseits ergründen.“*[1]

„Der Dünkel einzelner ihrer Mitglieder gab ihr [der Freimaurerei] *ein Ziel, welches sie nie verfolgte ... So gab man ihr Formen und Gestalt nach Belieben, um die Menge zu locken, dass sie dem Sinnen des Eigennutzes, der Ehrsucht und der Schwärmerei folgte ... Überall Irrtum und Verwirrung, wenig Licht, Ordnung und Wahrheit.“*[2]

Lessing nannte die „Strikte Observanz“: *„Träumerei“*, Goethe: *„weiß-rote Maskerade“*, Herder: *„metaphysisch-allegorische Deuteleien“* und für Schröder war das alles nur *„Possenspiel“*.

Der sogenannte „Konvent von Wilhelmsbad“ stellte schon 1782 einen *„Versuch dar, den Orden der Strikten Observanz durch Reformen auf eine gesunde Basis zu stellen“*.[3] Darauf näher einzugehen,

1 Lennhoff/Posner: „Freimaurer-Lexikon“, 1932
2 Christian Friedrich Wilhelm von Nettelbladt von der „Großen Landesloge“
3 Lennhoff/Posner: „Freimaurer-Lexikon“, 1932

fehlt hier Raum und Diktion. Kurzgefasst: Die „Strikte Observanz" ging schließlich *„trotz des äußeren Prunks an ihrer Inhaltslosigkeit zugrunde"*.[4] Das war freilich ein langer Weg.

Schröder hat diesen „Weg zurück" zu den (englischen) Wurzeln als einer der Protagonisten beschritten. Die später so genannte „Schrödersche Reform" war deshalb vor allem eine Rückbesinnung. *„Von der Wahrheit überzeugt"*, sei er, schrieb Schröder, *„dass die Freimaurerei nicht länger wie bisher nur ein Spiel bleiben könne, das des Zeitverlustes mit ihren Berufsgeschäften beschäftigter Männer unwürdig sei."*

4 ebd.

Hannoversche Verbündete

Schröder hat selbst festgehalten, mit welchen Logenbrüdern er in Hannover in Kontakt stand. Als *„Seele der dortigen Maurerei"* hat er Ernst Friedrich Hector Falck (1751–1809) bezeichnet. Falck war von 1784 bis 1809 Bürgermeister von Hannover, Oberhaupt der Altstadt, *„ein Mann, der alles, was man Freimaurerei nannte, im Innersten kennengelernt hat und nun der Wahrheit mit Eifer huldigt"* (Schröder). Falck hatte schon als Student ein Theaterstück verfasst („Braitwell – ein bürgerliches Trauerspiel", Gießen, 1770) und verstand sich mit Schröder auch über die Liebe zum Theater.

Zu den *„vertrautesten Brüdern"* zählt Schröder den Kammersekretär und späteren Stuhlmeister Adolf Johann Gustav Arenhold und den hannoverschen „Hof- und Leibchirurgus" Johann Bodo Lampe (1738–1802), der ab 1786 hammerführender Meister der Loge „Zum schwarzen Bär" war.

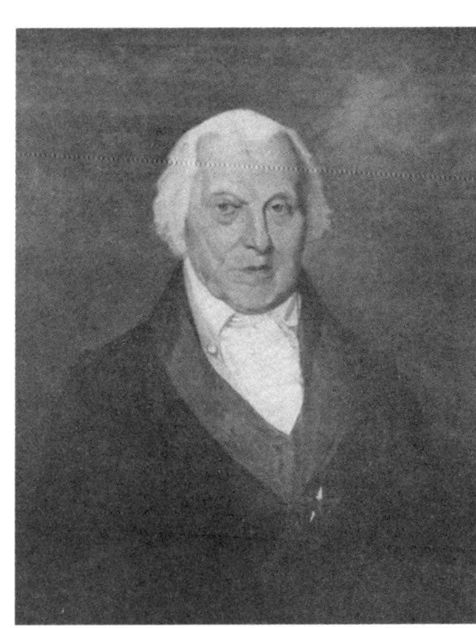

Schröders Vertrauter in Hannover: Johann Bodo Lampe, Logenmeister der Loge „Zum schwarzen Bär". Abb. aus dem Buch „Kurzer Abriss der Geschichte ...",1931

Auch der „Geheime Registrator“ Johann Ludolph Meyer (1766–1840) zählt zu den Vertrauten. Meyer, von der Logenwirklichkeit enttäuscht, ist erst durch Schröder und dessen Reformideen wieder zur Mitarbeit motiviert worden. Schröder hat Meyer später mit der Redaktion der historischen „Cirkelkorrespondenz“ des „Engbundes“ betraut, die zunächst durch Meyer in Hannover handschriftlich verfasst und vervielfältigt wurde.

Zu Schröders frühen Verbündeten gehörte Heinrich Adolf Ludwig von Zerssen, Geheimer Legationsrat in Hannover, später Meister vom Stuhl der Loge „Friedrich zum weißen Pferde“. Auch die Brüder Kaufmann, Mertens und Philiphon nennt Schröder als hannoversche Vertraute.

Zu nennen ist schließlich noch der „Consistorialsekretär und Rath“ Johann Fürchtegott Schlegel (1758–1831), der zweitälteste Sohn des Pastors Johann Adolf Schlegel, der Schröder in der Marktkirche zu Hannover getraut hatte.

Reformen

Schon ein Jahr nach dem Konvent von Wilhelmsbad hatte sich in Hamburg ein Gremium von Brüdern gebildet, welche die ursprüngliche „wahre" Freimaurerei nach englischem Vorbild wiederherstellen wollten. Den entscheidenden Impuls erhielt dieses Gremium 1788.

Da berief man nämlich den im Jahr zuvor (am 28. Juni 1787) zum Meister vom Stuhl gewählten Friedrich Ludwig Schröder in die Reformer-Runde. Man wusste natürlich um seine intensiven Forschungsarbeiten und seine Überlegungen, die Freimaurerei auf die englischen Gründungsideen zurückzuführen.

Schröder war fortan nahezu folgerichtig der Antreiber und Wortführer dieser Arbeitsgruppe.

Eine besondere Rolle spielt in dieser Zeit August von Graefe, Hauptmann und „Werbeoffizier" in englischen Diensten, Meister vom Stuhl einer kanadischen (britischen) Loge. Er erhielt 1785 den Auftrag der „Großen Loge von England", die Interessen der historischen („regulären") Freimaurerei in den deutschen Landen zu vertreten. England hat als „Mutterland" der Freimaurerei immer eine gewisse inhaltliche Führungsrolle wahrgenommen.

Kennengelernt hat Schröder August von Graefe 1786 in Hannover, wo Graefe eine englische „Provinzialloge" eingesetzt hat.

Die Loge „Zum weißen Pferd" begrüßte diesen Schritt: *„1786. Beendigung der Strikten Observanz. Damit werden die Beziehungen zur Großloge in England wiederaufgenommen. Die Loge erhält den Namen Friedrich zum weißen Pferde."*[1] ().

1 Kurt Müller: „Daten und Fakten aus der Geschichte der Loge ...", aus: Festschrift zum 225. Stiftungsfest 1971

Aus Sicht des „Bären“: *„Die Großloge stiftete ... 1786 ... die Provinzialloge für die hannoverschen Lande* [Großmeister Herzog Karl von Mecklenburg-Strelitz]. *Aus Freude an diesen Ereignissen wurde das Logenwappen geändert. Der bisher auf vier Beinen stehende Bär richtete sich auf und umfasste mit kräftigen Vorderpranken die Säule des Tempels.“*[2]

Friedrich Ludwig Schröders Vertrauter Bodo Lampe (s. o.) leitete die Loge „Zum schwarzen Bär“von 1786 bis 1802. Die neue englische Konstitution wurde auf seinen Namen ausgestellt.

Eine wichtige Rolle bei den Freimaurern in Hamburg spielte Dr. jur. Johann Philipp Beckmann (1752–1814), der als Sekretär des „Hochwürdigen Dom-Capitels zu Hamburg“ in kirchlichen Diensten beschäftigt war. Beckmann war Provinzial-Großmeister der englischen „Provinzialloge“ in Hamburg und später der erste Großmeister der „Großen Loge zu Hamburg“.

Schröder brachte nun die Freimaurerbrüder Beckmann und von Graefe zusammen. Graefe beherrschte das alte englische Ritual, das damals von Generation zu Generation nur mündlich überliefert wurde.

Auf Schröders Initiative hat Graefe das Ritual Beckmann „in die Feder“ diktiert, was dann für Schröder die Grundlage war zu umfassender Überarbeitung und zur weitgehenden Rückführung gebräuchlicher Rituale auf den historischen englischen Ursprung. Das konnte keinen Reformanspruch für die in den deutschen Landen existierenden Großlogen beanspruchen, stellte aber eine Leitlinie dar, der später viele Logen aus Überzeugung folgten.

Schröder hat auch eigene Passagen in das Ritual eingefügt, und er hat einige dieser Texte auch mit Johann Gottfried Herder (1744–1803) abgestimmt. Herder redigierte und ergänzte Schröders Texte, war aber grundsätzlich angetan von Schröders Arbeit. Er schrieb ihm: *„Glücklicher Mann in Ihrer Ruhe und bei der ernsten Tätigkeit Ihres Charakters. Zirkel, Bleimaß und Winkelwaage sind in Ihrer Seele.“* Und ins Stammbuch schrieb ihm Herder: *„... freue des Kran-*

2 Victor Weber: „Kurzer Abriss der Geschichte der Freimaurerei...“, Hannover, 1931

zes Dich, den zwei Göttinnen Dir wanden. Eine die denkende, eine die tätige Kunst.“

Die „Königliche Kunst“ der Freimaurer kennzeichnet die Kunst, recht zu leben. Und das Denken dieser Kunst muss dabei immer übersetzbar aufs Leben bleiben. Schröder folgte mit seiner Ritualbearbeitung diesem Leitgedanken.

„Die freieste Auffassung in der Freimaurerei kennzeichnet das Schrödersche System, ... von dem aus ein freier Geist der Ritualistik sich geltend zu machen mit Glück versucht worden ist.“[3]

Hinter dem *„Glück“* steckt viel Arbeit und Überzeugungskraft. Schröder ist in den Jahren des ausgehenden Jahrhunderts eine Rückführung mit einer rücksichtsvollen Adaption und sensiblen Überarbeitung der Rituale gelungen, die bis heute Bestand hat und noch immer mit Schröders Worten zelebriert wird.

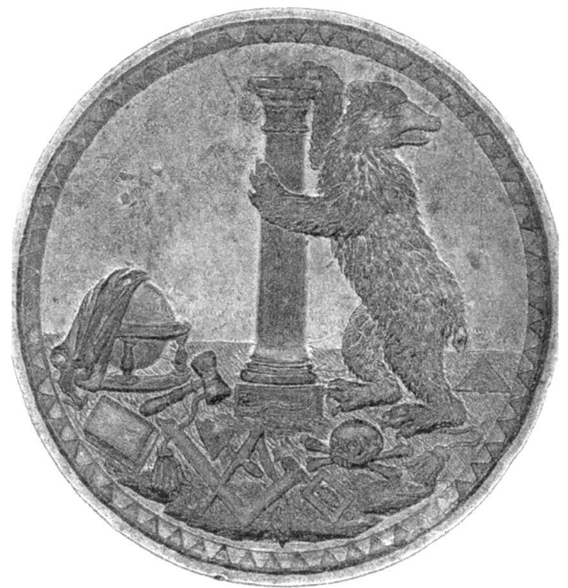

Der schwarze Bär richtet sich auf. Logenwappen auf einer alten Medaille.

3 Robert Fischer „Katechismus“, 1892

Schröders „Probearbeit“ in Hannover

1799 wurde Friedrich Ludwig Schröder zum „Zugeordneten Provinzialgroßmeister der englischen Provinzialgroßloge zu Hamburg“ gewählt.

1800 war er wieder in Hannover und traf hier auch den Bürgermeister (und Freimaurer) Ernst Friedrich Hector Falck wieder, der, wie er schreibt, mit Schröder am 17. Juni 1800 einen „*... frohen und unvergesslichen Abend*“ verbracht hatte. „*Dank Ihnen, innigst verehrter und geliebter Schröder ...*“, schrieb Falck Schröder am 18. Juni ins Stammbuch, „*... für den überzeugenden Beweis... Ihrer Güte, Liebe* [und Ihres] *Zutrauens ...*“

Am 29. Januar 1801 hatte das Schröder-Ritual in Hamburg Premiere. Nahezu unmittelbar danach auch in Hannover.

Am 19. Juli 1801 kam Schröder, der zur Kur in Bad Nenndorf weilte, auf Einladung seiner vertrauten Brüder nach Hannover, um im Logenhaus in der Köbelinger Straße einen Vortrag über „Alte und neue Maurerey“ zu halten.

Seine Ausführungen stießen auf lebhaftes Interesse. Man bat Schröder, dass er im hannoverschen Logenhaus „*zur Probe*“ eine Logenarbeit nach seinem Ritual leiten möge, wobei man ihm versicherte, „*dass ... auch die übrigen Mitglieder von dem Wert und der Wahrheit desselben überzeugt wären und zu seiner Annahme geneigt sein würden*“.[1]

Die „Probearbeit“ unter Schröders Leitung fand am 10. August 1801 in Hannover im Logenhaus in der Köbelinger Str. 6 statt. Es gibt ein Protokoll dieser denkwürdigen „Arbeit“ in einem (!) Satz:

„*Da der Ehrwst. Deputierte Provinzialgroßmeister der englischen Provinzialgroßloge in Hamburg, Br. Schröder, sich auf Ersuchen unseres Ehrwst. Deputierten Provinzialgroßmeisters Br. von Zerssen*

1 Friedrich Voigt: „Chronik“, 1846

und des Ehrw. Vorsitzenden Meisters vom Stuhl, Br. Arenhold, mit Einstimmung unserer zur speziellen Logendirektion gehörigen älteren Brüder, auch der übrigen Beamten der Loge bereitwillig finden lassen hat, am heutigen Tage eine Lehrlingsloge nach dem ältesten erweislichen englischen, durch mehrere erfahrene und gelehrte Brr. Freimaurer revidierten, den dermaligen Religions-, Staats- und Zeitverhältnissen angemessen eingerichteten, von den Vereinigten englischen Logen in Hamburg bereits angenommenen Ritual zu halten, so eröffnete er die heute zusammengerufene Loge nach dem vorgeschriebenen Ritual und machten den Brüdern die Veranlassung der heutigen Loge … bekannt …"

Am 6. Oktober 1801 wurde das Schrödersche Ritual für die Loge „Friedrich zum weißen Pferde" in Hannover offiziell durch den englischen Provinzialgroßmeister Karl von Mecklenburg-Strelitz genehmigt und in Kraft gesetzt.

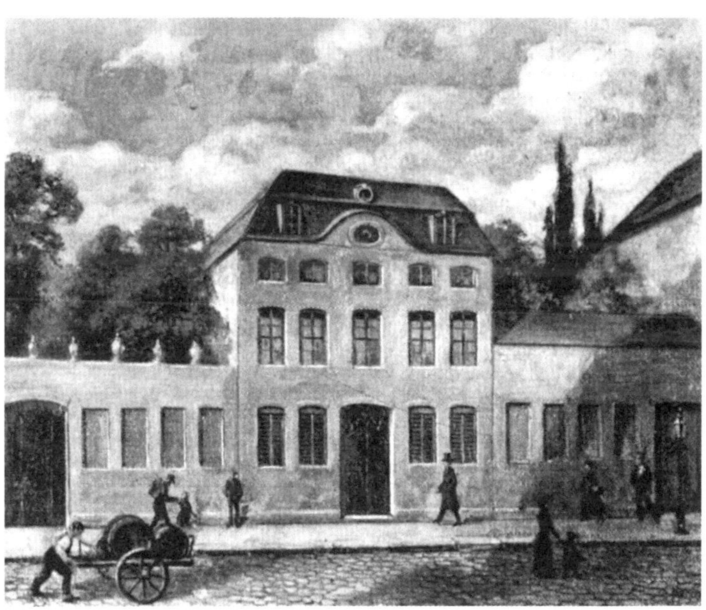

Das hannoversche Logenhaus in der Köbelinger Str. 6.
Abb. aus dem Buch „Kurzer Abriss der Geschichte …", 1931.

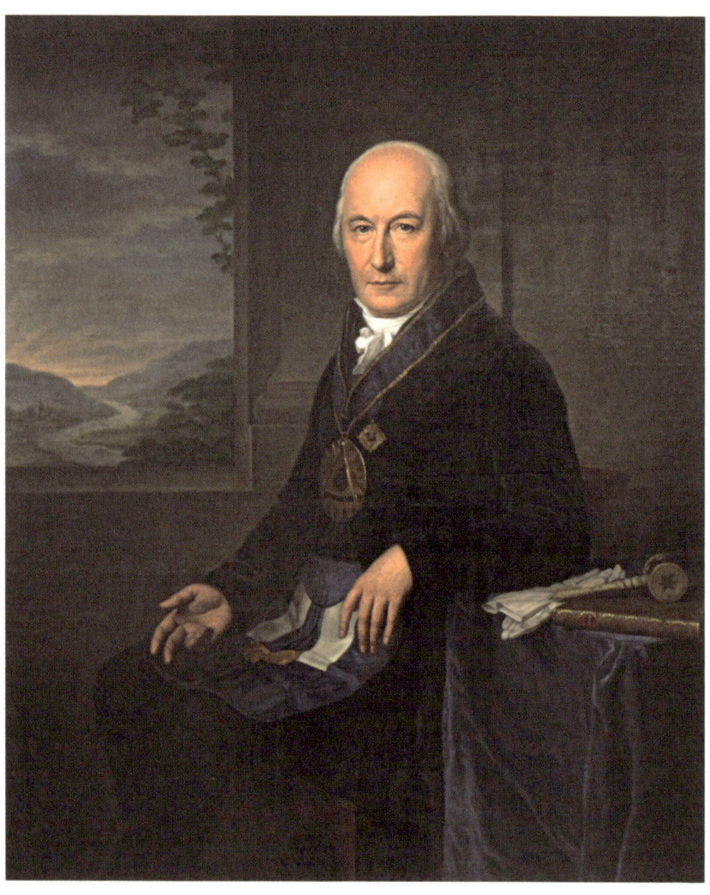

Friedrich Ludwig Schröder als Freimaurer.

Nachtrag: 1994 entdeckte der damalige „Meister vom Stuhl" der hannoverschen Loge „Zum schwarzen Bär" , Ludwig Friess (1929–1996) im „Staatsarchiv Preußischer Kulturbesitz" in Berlin ein handgeschriebenes Exemplar des Schröder-Rituals von 1801, einschließlich der erwähnten Genehmigung des Herzogs. Der für die Forschung bedeutende Fund wurde dokumentiert durch die Forschungsloge „Quatuor Coronati" in Bayreuth („Quellenkundliche Arbeit" Nr. 33, 1994).

Kuren und Spuren

1802 war Schröder wieder in Bad Nenndorf. Er hat *„wegen eines die linke Seite befallenen rheumatischen Schmerzes das Nenndorfer Bad gebraucht“.*[1]

Wie im Jahr zuvor nutzte er die räumliche Nähe zu Hannover, um seinen Bekannten und Freunden und auch seinen dortigen Logenbrüdern nahe zu sein. *„Es ist unmöglich, freundlichere Aufnahme, ehrenvollere und häufigere Beweise allgemeiner Achtung und Wohlwollens zu erhalten, als Schröder hier* [in Hannover] *zuteil wurden.“*[2]

Es waren aber kriegerische Zeiten, die auch Schröder beunruhigten. 1803 marschierten Napoleons Truppen in Hannover ein, ignorierten die Verbindung nach England, gründeten eine Loge „Réunion des Amis“ und besetzten Hannover fast ein Jahrzehnt lang.

Hannover rechneten sie zu Westphalen, das Napoleon wohl seinem jüngsten Bruder zuliebe zum Königreich ausrief. Jêrôme Bonaparte (Freimaurer seit 1801) war als „König von Westphalen“ später auch Großmeister des „Grand Orient de Westphalie“.

Schröders Reformarbeit war deswegen keineswegs in den Hintergrund getreten. Im Gegenteil. Schröder blieb im Kontakt mit den Logen und Brüdern und beobachtete mit Freude, dass sich trotz der politischen Situation und der französischen Machtausübung nebst Zensur immer mehr Logen für seine Reform interessierten. Leider machte ihm aber seine Gesundheit sehr zu schaffen.

1808 schrieb Schröder in einem Brief sorgenvoll, doch patriotisch: *„Vom 9. bis 16. Juli reise ich ... nach Nenndorf. Warum werde ich durch die verdammte politische Lage verhindert, eine Reise durch Deutschland zu machen, welche außer der Gesundheit mir sehr er-*

1 Friedrich Ludwig Meyer: „Friedrich Ludwig Schröder: Beitrag zur Kunde des Menschen und Künstlers“, Hamburg, 1819

2 ebd.

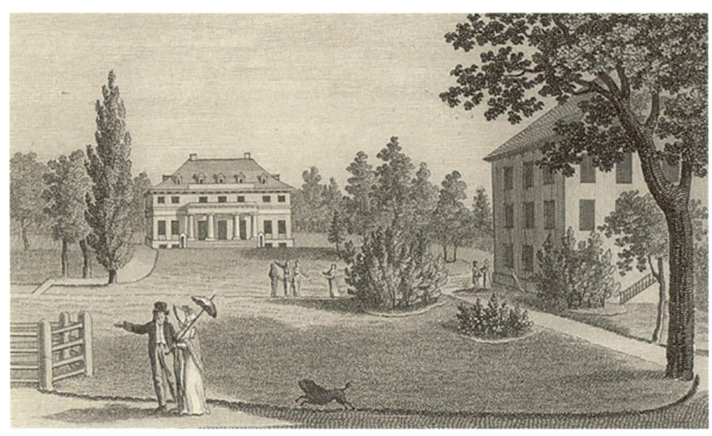

Bad Nenndorf, Kupferstich von 1815.

sprießlich wäre ... Meine Gesundheit hat durch den Korsen sehr gelitten."

Sein Biograf Friedrich Ludwig Meyer beschreibt Schröders Gesundheitszustand etwas näher: „*Der Schmerz trat mit ... Heftigkeit ein ..., fixierte sich im Kniegelenk* [und] *erweiterte sich bis ins Hüftgelenk.*"

Die Nenndorfer Schwefelbäder taten ihm gut. 1809 war er wieder in Bad Nenndorf. Er begann „*während des Badeaufenthaltes in Nenndorf*"[3] seine Lebenserinnerungen aufzuschreiben. Leider blieben davon nur Fragmente. Sein Freund und Biograf Friedrich Ludwig Meyer hat diese zusammen mit persönlichen Erinnerungen für die Nachwelt verarbeitet.

Schröders Verbindung zur hannoverschen Loge „Zum schwarzen Bär" trug nun Früchte. „Meister vom Stuhl" wurde 1810 der Stadtsyndikus Georg Heinrich Christoph Heiliger (1767–1854). Im ersten Jahr seiner Amtsführung (die elf Jahre dauern sollte) verfasste er mit seinen Logenbrüdern ein „Denkschrift" zur Annahme des Schröder-Rituals, die 38 Brüder unterschrieben.

3 ebd.

Trotz der französischen Besatzung und Einflussnahme bekamen sie tatsächlich die Zulassung.

Am 17. März 1811 hatte das angenommene Schrödersche Ritual Premiere im „Bären". Seitdem arbeitet man ununterbrochen „nach Schröder". Daran änderten auch wechselnde Großlogenzugehörigkeiten nichts.

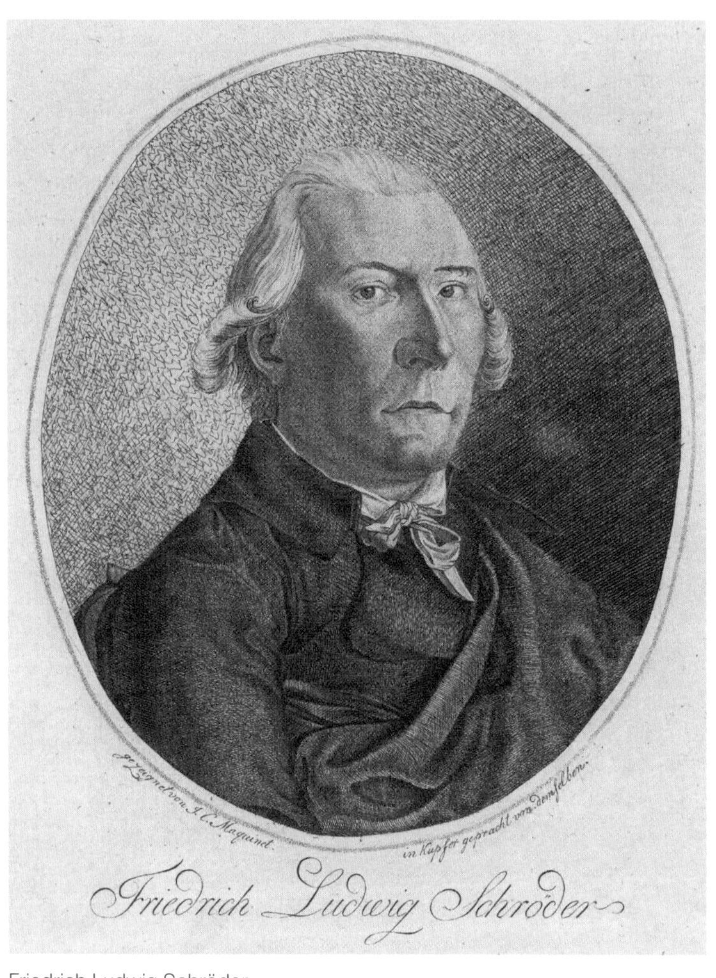

Friedrich Ludwig Schröder.
Stich von I. C. Maquinet.

Der Vorhang fällt

Mit Genugtuung konnte Schröder von Hamburg aus diese Entwicklung verfolgen. Noch im Alter von 70 Jahren zum Großmeister der „Großen Loge von Hamburg" gewählt, hat ihm die hannoversche Situation bis zuletzt am Herzen gelegen.

Es würde den Rahmen des hier speziell behandelten hannoverschen Teilaspektes sprengen, wollte man näher auf Schröders überregionales weitreichendes kreatives Schaffen und seine segensreiche Tätigkeit in vielen Bereichen eingehen. Einige Stichworte stellvertretend:

Mit der 1793 gegründeten Unterstützungskasse für Schauspieler hat er einen bedeutenden sozialen Schritt getan. Mit der Bemühung um Urheberrechte und Honorarabsicherung war er seiner Zeit weit voraus.

Historische Verdienste erwarb er sich ab 1795 mit der Gründungsinitiative zum Freimaurer-Krankenhaus in Hamburg.

Ab 1796 hat er sich auf das von ihm erworbene Landgut in Rellingen zurückgezogen, nahm aber weiterhin lebhaften und auch aktiven Anteil an der kulturellen Entwicklung.

1798 besuchte er Goethe, Schiller und Herder in Weimar.

Goethe übernahm die Leitung des Weimarer Theaters, *„ließ sich von Schröder beraten … und signalisierte, dass er dem Publikum mit beliebiger Erbauung … genug tun werde …".*[1] Goethe inszenierte am Weimarer Theater in den Folgejahren neben eigenen und anderen Werken auch insgesamt 19 Stücke vom Autor Schröder.

Die letzten Lebensjahre verbrachte er auf seinem Landgut in Rellingen bei Hamburg. *„Ein durch sehr sorgsame Finanzwirtschaft im Laufe der Jahre erworbener Wohlstand gestattete ihm, dem Sohn*

1 Günther Erken: „Theatergeschichte", Stuttgart, 2014

Fahrender Leute, sorgenfrei in behaglichen Verhältnissen auf eigenem Grund und Boden seinem literarischen, wissenschaftlichen und freimaurerischen Interessen zu leben.“[2]

Mit zunehmenden Alter litt er außer am Rheuma an einem Geschwür am Bein, das nicht heilen wollte. Hinzu kam ein Problem mit den „*harnableitenden Funktionen*“, wie sein Freund und Biograf F. L. Meyer rücksichtsvoll umschreibt.

Schließlich ist er „*untergegangen, wie die Sonne eines schönen Sommerabends, Licht und Wärme in den Strahlen des Abschieds verteilend, von Wolken umhüllt. Er war bestimmt, seine Stärke nicht zu überleben …*“[3]

Er starb am 3. September 1816. „*Am 7. September ward die Leiche von Rellingen nach Hamburg überführt. Die Freimaurer ehrten ihren berühmten Großmeister durch eine glänzende Totenfeier, die Teilnahme und Trauer war allgemein. Einen großen Künstler, einen edlen, aufstrebenden Menschen, einen Wohltäter der Armen hatte man zu beklagen.*“[4]

Der „*Freund der Wahrheit und des Rechts, der Förderer menschlichen Glücks, der unerreichte Künstler*“ (Grabsteininschrift) wurde auf dem Friedhof vor dem Dammtor bestattet. Seine Grabstätte befindet sich heute auf dem Ehrenfriedhof Ohlsdorf in Hamburg.

2 Berthold Litzmann: „Der große Schröder“,Berlin, 1903

3 Friedrich Ludwig Meyer: „Friedrich Ludwig Schröder: Beitrag zur Kunde des Menschen und Künstlers“, Hamburg, 1819

4 Berthold Litzmann: „Der große Schröder“,Berlin, 1903

Literatur und Quellen

Brockhaus: Conversations Lexikon, 1809

Brockhaus Enzyklopädie, 1973

von Bülow, Eduard: Friedrich Ludwig Schröders dramatische Werke, Berlin 1831

Büttner, Ernst: Chroniken deutscher Städte, Stuttgart 1937

Devrient, Eduard: Geschichte der deutschen Schauspielkunst, Berlin 1929

Erken,Günther: Theatergeschichte, Stuttgart 2014

Fischer, Robert: Katechismus, Leipzig 1892

Freydank, Ruth: Theater in Berlin, Berlin 1988

Hadamczik, Dieter: Friedrich Ludwig Schröder in der Geschichte des Burgtheaters, Wien 1961

Hannen, Christian: Zeigtest uns die Wahrheit von Kunst erreicht, Hamburg 2001

Hannoversche Geschichtsblätter, Hannover 1886

Knobloch, Hilde: Der Feuergeist, Graz 1949

Kosellek, Reinhard: Kritik und Krise, Frankfurt a. M. 1973

Krone-Balcke, Ulrike: Neue deutsche Biographie, Berlin 2007

Lange, Rudolf: Hannovers Theatergeschichte, Hannover, 1994

Lennhoff/Posner: Internationales Freimaurer-Lexikon, Graz 1932

Litzmann, Berthold: Der Große Schröder, Berlin, 1904

Litzmann, Berthold: Schröder und Gotter, Hamburg 1887

Meyer, Friedrich Ludwig: Friedrich Ludwig Schröder. Beitrag zur Kunde des Menschen und Künstlers, Hamburg 1823

Quatuor Coronati: Quellenkundliche Arbeit Nr. 33, Bayreuth 1994

Raschke, Helga: Conrad Ekhof – Vater der deutschen Schauspielkunst, Gotha 1975

Schütze, Johann Friedrich: Hamburgische Theatergeschichte, Hamburg 1794

Voigt, Friedtrich: Chronik, Hannover 1846

Weber, Victor: Kurzer Abriss der Geschichte der Freimaurerei im Orient von Hannover, Hannover 1931

Abbildungsnachweis

S. 2: www.jens-rusch.de
S. 7: Wikimedia Commons/www.klimt-database.com/CC-PD-Mark
S. 10 (2): Sammlung Jens Oberheide
S. 11: Sammlung Jens Oberheide
S. 12: Sammlung Jens Oberheide
S. 13 u. Cover Rückseite: Wikimedia Commons/Heckentheater/ CC BY-SA 4.0
S. 14: Wikimedia Commons/Stadtarchiv Hannover/gemeinfrei
S. 16: Wikimedia Commons/gemeinfrei
S. 18: Sammlung Jens Oberheide
S. 22 u. Cover: Wikimedia Commons/http://kiefer.de/gemeinfrei
S. 24: Sammlung Jens Oberheide
S. 25: gemeinfrei/www.zeno.org
S. 26: Wikimedia Commons/Bomann-Museum/Hajotthu/gemeinfrei
S. 28: Sammlung Jens Oberheide
S. 29: Sammlung Jens Oberheide
S. 30: Wikimedia Commons/Staats- und Universitätsbibliothek Hamburg/ gemeinfrei
S. 31: Sammlung Jens Oberheide
S. 34: The Trustees of the British Museum/CC BY-NC-SA 4.0
S. 35: Wikimedia Commons/gemeinfrei
S. 38: Wikimedia Commons/gemeinfrei
S. 40: Wikimedia Commons/gemeinfrei
S. 42 (2): Sammlung Jens Oberheide
S. 44: Sammlung Jens Oberheide
S. 47: Sammlung Jens Oberheide
S. 51: Sammlung Jens Oberheide
S. 53: Sammlung Jens Oberheide
S. 54: Distriktsloge Hamburg der Alten Freien und Angenommenen Maurer von Deutschland
S. 56: Sammlung Jens Oberheide
S. 58: Wikimedia Commons/Staats- und Universitätsbibliothek Hamburg/gemeinfrei
Umschlagklappe: Sammlung Oberheide